Projet OCDE/G20 sur l'érosion de la base d'imposition et le transfert de bénéfices

Les défis fiscaux soulevés par la numérisation de l'économie – Règles globales anti-érosion de la base d'imposition (Pilier Deux)

CADRE INCLUSIF SUR LE BEPS

OCDE
DES POLITIQUES MEILLEURES POUR UNE VIE MEILLEURE

Ce document, ainsi que les données et cartes qu'il peut comprendre, sont sans préjudice du statut de tout territoire, de la souveraineté s'exerçant sur ce dernier, du tracé des frontières et limites internationales, et du nom de tout territoire, ville ou région.

Merci de citer cet ouvrage comme suit :
OCDE (2023), *Les défis fiscaux soulevés par la numérisation de l'économie – Règles globales anti-érosion de la base d'imposition (Pilier Deux) : Cadre inclusif sur le BEPS*, Projet OCDE/G20 sur l'érosion de la base d'imposition et le transfert de bénéfices, Éditions OCDE, Paris, https://doi.org/10.1787/9464d0c4-fr.

ISBN 978-92-64-44016-6 (imprimé)
ISBN 978-92-64-32271-4 (pdf)

Projet OCDE/G20 sur l'érosion de la base d'imposition et le transfert de bénéfices
ISSN 2313-2620 (imprimé)
ISSN 2313-2639 (en ligne)

Crédits photo : Couverture © ninog-Fotolia.com.

Les corrigenda des publications sont disponibles sur : www.oecd.org/fr/apropos/editionsocde/corrigendadepublicationsdelocde.htm.

Avant-propos

La transformation numérique et la mondialisation ont des répercussions profondes sur les économies et sur la vie des populations du monde entier, et ce phénomène n'a fait que s'accélérer au cours du 21ème siècle. Ces transformations remettent en cause les règles établies pour imposer les bénéfices commerciaux internationaux, qui datent de plus d'un siècle et qui ouvrent la voie à des pratiques d'érosion de la base d'imposition et de transfert de bénéfices (BEPS), lesquels exigent des mesures courageuses de la part des décideurs politiques pour rétablir la confiance dans le système et garantir que les bénéfices sont imposés là où les activités économiques ont lieu et où la valeur est créée.

En 2013, l'OCDE a redoublé d'efforts pour relever ces défis et ainsi répondre aux préoccupations grandissantes des citoyens et des responsables publics face aux pratiques d'évasion fiscale des grandes multinationales. Les pays de l'OCDE et du G20 se sont unis pour élaborer en septembre 2013 un Plan d'action visant à combattre ces pratiques. Le Plan d'action recensait 15 actions à mener avec pour objectif d'harmoniser les règles nationales qui influent sur les activités transnationales, de renforcer les exigences de substance dans les standards internationaux existants, et d'améliorer la transparence ainsi que la sécurité juridique.

Après deux ans de travail, des rapports en réponse aux 15 actions, y compris ceux publiés à titre provisoire en 2014, ont été réunis au sein d'un ensemble complet de mesures et présentés aux dirigeants des pays du G20 en novembre 2015. Le paquet BEPS représente le premier remaniement d'importance des règles fiscales internationales depuis près d'un siècle. Au gré de la mise en œuvre des mesures, les entreprises seront amenées à déclarer leurs bénéfices là où les activités économiques qui les génèrent sont réalisées et là où la valeur est créée. Les stratégies de planification fiscale qui s'appuient sur des règles dépassées ou sur des dispositifs nationaux mal coordonnés entre eux seront désormais inefficaces.

Les pays de l'OCDE et du G20 ont également convenu de continuer à travailler ensemble pour assurer une mise en œuvre cohérente et coordonnée des recommandations du Projet BEPS, et pour le rendre plus inclusif. De ce fait, ils ont établi le Cadre inclusif sur le BEPS de l'OCDE et du G20 (Cadre inclusif), rassemblant sur un pied d'égalité tous les pays et juridictions intéressés et engagés dans le Comité des affaires fiscales et ses organes subsidiaires. Avec plus de 140 membres, le Cadre inclusif contrôle la mise en œuvre des standards minimums à travers des examens par les pairs, et finalise l'élaboration de normes pour résoudre les problèmes liés au BEPS. Au-delà de ses membres, d'autres organisations internationales et organismes fiscaux régionaux sont engagés dans les travaux du Cadre inclusif, et les entreprises et la société civile sont également consultées sur différentes problématiques.

Bien que la mise en œuvre du paquet BEPS continue de transformer radicalement le paysage fiscal international et d'améliorer l'équité des systèmes fiscaux, l'une des principales problématiques liées au BEPS – relever les défis fiscaux posés par l'économie numérique – demeurait non résolue. Le 8 octobre 2021, plus de 135 membres du Cadre inclusif, représentant plus de 95 % du PIB mondial, ont réalisé une avancée majeure en adhérant à une solution reposant sur deux piliers qui vise à réformer les règles fiscales internationales et à faire en sorte que les entreprises multinationales paient une juste part d'impôt partout où elles exercent des activités et génèrent des bénéfices au regard de l'économie numérique et mondialisée d'aujourd'hui. La mise en œuvre de ces nouvelles règles est envisagée d'ici 2023.

Ce rapport a été approuvé par le Cadre inclusif le 14 décembre 2021 et préparé pour publication par le Secrétariat de l'OCDE.

Table des matières

Abréviations et acronymes

EC	Entité constitutive
EMN	Entreprise multinationale
EMU	Entité mère ultime
GloBE	Lutte globale contre l'érosion de la base d'imposition (Global anti-Base Erosion)
IFRS	Normes comptables internationales (International Financial Reporting Standards).
JV	Coentreprise
OCDE	Organisation de coopération et de développement économiques
TEI	Taux effectif d'imposition

Synthèse

Les règles globales de lutte contre l'érosion de la base d'imposition (Global anti-Base Erosion, GloBE) constituent un système coordonné d'imposition visant à faire en sorte que les grands groupes d'entreprises multinationales (EMN) paient un niveau d'impôt minimum sur les bénéfices qu'ils génèrent dans chacune des juridictions où ils exercent des activités. Pour ce faire, elles appliquent un impôt complémentaire sur les bénéfices réalisés dans une juridiction lorsque le taux effectif d'imposition, calculé juridiction par juridiction, est inférieur au taux minimum.

- Le chapitre 1 définit le champ d'application des règles GloBE.
- Le chapitre 2 détermine les entités constitutives du groupe qui sont redevables de l'impôt complémentaire éventuel et la part de cet impôt complémentaire qui incombe à chacune de ces entités.
- Les chapitres 3 et 4 décrivent les composantes du calcul du taux effectif d'imposition en vertu des règles GloBE. Le chapitre 3 explique comment déterminer le bénéfice (ou la perte) au titre de la période examinée pour chacune des entités constitutives du groupe d'EMN, tandis que le chapitre 4 porte sur le calcul des impôts applicables à ce bénéfice.
- Le chapitre 5 agrège les bénéfices et les impôts de l'ensemble des entités constitutives situées dans la même juridiction afin de calculer le taux effectif d'imposition pour cette juridiction. Si le taux effectif d'imposition est inférieur au taux minimum, la différence aboutit à un pourcentage d'impôt complémentaire qui est appliqué au bénéfice de la juridiction pour obtenir le montant total de l'impôt complémentaire. L'impôt complémentaire est affecté de manière proportionnelle entre les entités constitutives situées dans cette juridiction, puis attribué aux entités constitutives redevables d'une éventuelle portion de cet impôt complémentaire, conformément aux dispositions du chapitre 2. Le chapitre 5 prévoit également une exclusion optionnelle de bénéfices, fondée sur la substance, ce qui est susceptible de diminuer le montant des bénéfices assujettis à l'impôt complémentaire éventuel.
- Le chapitre 6 énonce les règles relatives aux acquisitions, cessions et coentreprises.
- Le chapitre 7 porte sur l'application des règles GloBE à certains régimes de neutralité fiscale et autres régimes de distributions.
- Le chapitre 8 couvre les aspects administratifs des règles GloBE, notamment les obligations déclaratives et l'application des régimes de protection éventuels.
- Le chapitre 9 expose certaines règles transitoires.
- Le chapitre 10 définit les termes utilisés dans les règles GloBE.

Les règles GloBE appliquent un taux minimum juridiction par juridiction. Dès lors, le Cadre inclusif a accepté, dans sa déclaration du 8 octobre 2021, d'examiner les conditions dans lesquelles le régime GILTI des États-Unis coexistera avec les règles GloBE afin de garantir des règles du jeu équitables.

1 Champ d'application

Fonctionnement des règles dans ce chapitre

Le chapitre 1 définit le champ d'application des règles GloBE.

- L'Article 1.1 détermine quels Groupes d'EMN et quelles Entités du groupe sont assujettis aux Règles GloBE.
- Les Article 1.2 à Article 1.4 apportent un certain nombre de définitions clés qui sont utilisées pour déterminer si une Entité ou un ensemble d'Entités constituent un Groupe et dans quelles circonstances ce Groupe est considéré comme un Groupe d'EMN.
- L'Article 1.5 détermine les Entités qui sont des Entités exclues et qui ne sont donc pas soumises à l'application des Règles GloBE.

Article 1.1. Champ d'application des Règles GloBE

1.1.1. Les Règles GloBE s'appliquent aux Entités constitutives qui sont membres d'un Groupe d'EMN dont les États financiers consolidés de l'Entité mère ultime affichent un chiffre d'affaires annuel d'au moins 750 millions EUR, pour au moins deux des quatre Années fiscales précédant immédiatement l'Année fiscale testée. L'Article 6.1 contient des règles supplémentaires qui, dans certains cas, modifient l'application du seuil de chiffre d'affaires consolidé.

1.1.2. Si une ou plusieurs Années fiscales du Groupe d'EMN prises en compte aux fins de l'article 1.1.1 ont une durée différente de 12 mois, le seuil de 750 millions EUR est ajusté proportionnellement, pour chacune de ces Années fiscales, afin de correspondre à la durée de l'Année fiscale concernée.

1.1.3. Les Entités qui sont des Entités exclues ne sont pas soumises aux Règles GloBE.

Article 1.2. Groupe d'EMN et Groupe

1.2.1. Un Groupe d'EMN désigne tout Groupe qui comprend au moins une Entité ou un Établissement stable qui n'est pas situé dans la juridiction de l'Entité mère ultime.

1.2.2. Un Groupe désigne un ensemble d'Entités liées entre elles du fait de la structure de détention ou de contrôle de sorte que les actifs, les passifs, les recettes, les dépenses et les flux de trésorerie de ces Entités :

(a) sont inclus dans les États financiers consolidés de l'Entité mère ultime ; ou

(b) sont exclus des États financiers consolidés de l'Entité mère ultime uniquement pour des raisons de taille ou de matérialité, ou parce que l'Entité est destinée à être vendue.

1.2.3. Un Groupe désigne également une Entité située dans une juridiction et qui possède un ou plusieurs Établissements stables situés dans d'autres juridictions, à condition que cette Entité ne fasse pas partie d'un autre Groupe décrit à l'article 1.2.2.

Article 1.3. Entité constitutive

1.3.1. Une Entité constitutive désigne :

(a) toute Entité qui fait partie d'un Groupe ; et

(b) tout Établissement stable d'une Entité principale qui relève du paragraphe (a).

1.3.2. Un Établissement stable qui est une Entité constitutive au sens du paragraphe (b) ci-dessus doit être considéré comme distinct de l'Entité principale et de tout autre Établissement stable de cette Entité principale.

1.3.3. Une Entité constitutive n'inclut pas une Entité qui est une Entité exclue.

Article 1.4. Entité mère ultime

1.4.1. Une Entité mère ultime désigne :

(a) une Entité qui :

i. détient directement ou indirectement un Titre conférant le contrôle dans une autre Entité ; et

ii. n'est pas détenue, par le biais d'un Titre conférant le contrôle, directement ou indirectement par une autre Entité ; ou

(b) l'Entité principale d'un Groupe qui relève de l'article 1.2.3.

Article 1.5. Entité exclue

1.5.1. Une Entité exclue est une Entité qui est :

(a) une Entité publique ;

(b) une Organisation internationale ;

(c) une Organisation à but non lucratif ;

(d) un Fonds de pension ;

(e) un Fonds d'investissement qui est une Entité mère ultime ; ou

(f) un Véhicule d'investissement immobilier qui est une Entité mère ultime.

1.5.2. Une Entité exclue est également une Entité :

(a) dont au moins 95 % de la valeur est détenue (directement ou via une chaîne d'Entités exclues) par une ou plusieurs Entités exclues désignées à l'article 1.5.1 (autres qu'une Entité de services de fonds de pension) dès lors que cette Entité :

i. a pour objet exclusif ou presque exclusif de détenir des actifs ou de réaliser des placements pour le compte de l'Entité exclue ou des Entités exclues ; ou

ii. exerce uniquement des activités accessoires à celles exercées par l'Entité exclue ou les Entités exclues ; ou

(b) dont au moins 85 % de la valeur est détenue (directement ou via une chaîne d'Entités exclues) par une ou plusieurs Entités exclues désignées à l'article 1.5.1 (autres qu'une Entité de services de fonds de pension), à condition que l'essentiel des bénéfices de cette Entité soient constitués de Dividendes exclus ou de Plus ou moins-values sur capitaux exclues, qui, conformément aux articles 3.2.1(b) ou (c), sont exclus du calcul du Résultat GloBE.

1.5.3. Une Entité constitutive déclarante peut opter pour ne pas traiter une Entité comme une Entité exclue aux termes de l'article 1.5.2. Une option au titre de cet Article est valable cinq ans.

2 Redevables de l'impôt

Fonctionnement des règles dans ce chapitre

Ce chapitre détermine le montant de l'Impôt complémentaire dont une Entité mère ou les Entités constitutives situées dans une Juridiction avec RPII sont redevables:

- en attribuant à l'Entité mère, en vertu de la RDIR, et conformément aux Article 2.1 à Article 2.3, l'Impôt complémentaire pour chacune des Entités constitutives faiblement imposées calculé selon les règles décrites au chapitre 5 ; puis
- en attribuant l'Impôt complémentaire résiduel, le cas échéant, aux Juridictions avec RPII, conformément aux Article 2.4 à Article 2.6.

Article 2.1. Application de la RDIR

2.1.1. Une Entité constitutive, située en [ajouter le nom de la juridiction qui met en œuvre], qui est l'Entité mère ultime d'un Groupe d'EMN et qui détient (directement ou indirectement), à un moment quelconque au cours de l'Année fiscale, un Titre de participation dans une Entité constitutive faiblement imposée, est redevable d'un impôt d'un montant égal à sa Part attribuable de l'Impôt complémentaire pour cette Entité constitutive faiblement imposée au titre de cette Année fiscale.

2.1.2. Une Entité mère intermédiaire d'un Groupe d'EMN, située en [ajouter le nom de la juridiction qui met en œuvre], qui détient (directement ou indirectement) un Titre de participation dans une Entité constitutive faiblement imposée à tout moment au cours d'une Année fiscale est redevable d'un impôt d'un montant égal à sa Part attribuable de l'Impôt complémentaire pour cette Entité constitutive faiblement imposée au titre de cette Année fiscale.

2.1.3. L'article 2.1.2 ne s'applique pas si :

(a) l'Entité mère ultime du Groupe d'EMN est tenue d'appliquer une RDIR qualifiée au titre de cette Année fiscale ; ou

(b) Une autre Entité mère intermédiaire détient (directement ou indirectement) des Titres conférant le contrôle de l'Entité mère intermédiaire et est tenue d'appliquer une RDIR qualifiée au titre de cette Année fiscale.

2.1.4. Nonobstant les articles 2.1.1 à 2.1.3, une Entité mère partiellement détenue, située en [ajouter le nom de la juridiction qui met en œuvre], qui détient (directement ou indirectement), à un moment au cours de l'Année fiscale, un Titre de participation dans une Entité constitutive faiblement imposée, est redevable d'un impôt d'un montant égal à sa Part attribuable de l'impôt complémentaire pour cette Entité constitutive faiblement imposée au titre de cette Année fiscale.

2.1.5. L'article 2.1.4 ne s'applique pas si l'Entité mère partiellement détenue est entièrement détenue (directement ou indirectement) par une autre Entité mère partiellement détenue qui est tenue d'appliquer une RDIR qualifiée au titre de cette Année fiscale.

2.1.6. Une Entité mère située en [ajouter le nom de la juridiction qui met en œuvre] doit appliquer les dispositions des articles 2.1.1 à 2.1.5 pour toute Entité constitutive faiblement imposée qui n'est pas située en [ajouter le nom de la juridiction qui met en œuvre].

Article 2.2. Attribution de l'Impôt complémentaire en vertu de la RDIR

2.2.1. La Part de l'Impôt complémentaire attribuable à une Entité mère à raison d'une Entité constitutive faiblement imposée est le résultat du produit de l'Impôt complémentaire pour l'Entité constitutive faiblement imposée, calculé selon les modalités du chapitre 5, par le Ratio d'inclusion de l'entité mère pour l'Entité constitutive faiblement imposée au titre de l'Année fiscale.

2.2.2. Le Ratio d'inclusion de l'entité mère à raison d'une Entité constitutive faiblement imposée au titre d'une Année fiscale correspond au quotient de (a) le Bénéfice GloBE de l'Entité constitutive faiblement imposée au titre de l'Année fiscale, minoré du montant de ce bénéfice attribuable à des Titres de participation détenus par d'autres détenteurs, par (b) le Bénéfice GloBE de l'Entité constitutive faiblement imposée au titre de l'Année fiscale.

2.2.3. Le montant du Bénéfice GloBE attribuable à des Titres de participation d'une Entité constitutive faiblement imposée détenues par d'autres détenteurs correspond au montant qui aurait été considéré comme attribuable à ces détenteurs en vertu des principes de la Norme de comptabilité financière admissible utilisée dans les États financiers consolidés de l'Entité mère ultime si le bénéfice net de l'Entité constitutive faiblement imposée était égal à son Bénéfice GloBE et si :

(a) l'Entité mère avait préparé des États financiers consolidés conformément à cette norme comptable (les États financiers consolidés hypothétiques) ;

(b) l'Entité mère détenait des Titres conférant le contrôle de l'Entité constitutive faiblement imposée de sorte que la totalité des recettes et des dépenses de l'Entité constitutive faiblement imposée étaient consolidées, ligne par ligne, avec celles de l'Entité mère dans des États financiers consolidés hypothétiques ;

(c) la totalité du bénéfice GloBE de l'Entité constitutive faiblement imposée était imputable à des transactions avec des personnes qui ne sont pas des Entités du groupe ; et

(d) tous les Titres de participation non détenus, directement ou indirectement, par l'Entité mère étaient détenus par d'autres personnes que les Entités du groupe.

2.2.4. Dans le cas d'une Entité transparente localement, le Bénéfice GloBE visé par cet article n'inclut pas les bénéfices attribués, en vertu de l'article 3.5.3, à un détenteur qui n'est pas une Entité du groupe.

Article 2.3. Mécanisme de compensation de la RDIR

2.3.1. Une Entité mère qui détient indirectement un Titre de participation dans une Entité constitutive faiblement imposée par le biais d'une Entité mère intermédiaire ou d'une Entité mère partiellement détenue et qui ne peut pas prétendre aux exclusions de la RDIR prévues à l'article 2.1.3 ou à l'article 2.1.5 minore du montant déterminé conformément à l'article 2.3.2 sa Part attribuable de l'Impôt complémentaire à raison de l'Entité constitutive faiblement imposée.

2.3.2. La réduction prévue à l'article 2.3.1 correspond à la fraction de la Part de l'Impôt complémentaire attribuable à l'Entité mère, dont l'Entité mère intermédiaire ou l'Entité mère partiellement détenue est aussi redevable en vertu d'une RDIR qualifiée.

Article 2.4. Application de la RPII

2.4.1. Les Entités constitutives d'un Groupe d'EMN situées en [ajouter le nom de la juridiction qui met en œuvre] se voient refuser la déductibilité d'une charge (ou se voient tenues de procéder à un ajustement équivalent en application du droit interne) pour un montant tel que ces Entités constitutives supportent une charge d'impôt supplémentaire sous la forme d'une sortie de trésorerie égale au Montant de l'impôt complémentaire pour la RPII attribué à cette juridiction au titre de l'Année fiscale.

2.4.2. Le dispositif mentionné à l'article 2.4.1 s'applique dans la mesure du possible à l'année d'imposition durant laquelle l'Année fiscale se termine. Si ce dispositif ne suffit pas à générer, au titre de cette année d'imposition, une charge d'impôt supplémentaire sous la forme d'une sortie de trésorerie égale au Montant de l'impôt complémentaire pour la RPII attribué à [ajouter le nom de la juridiction qui met en œuvre] au titre de l'Année fiscale, la différence doit être reportée, en tant que de besoin, sur les Années fiscales suivantes et faire l'objet du dispositif visé à l'article 2.4.1, dans la mesure du possible, pour chaque année d'imposition.

2.4.3. L'article 2.4.1 ne s'applique pas à une Entité constitutive qui est une Entité d'investissement.

Article 2.5. Montant de l'impôt complémentaire pour la RPII

2.5.1. Le Montant total de l'impôt complémentaire pour la RPII au titre d'une Année fiscale est égal à la somme de l'Impôt complémentaire calculé pour chaque Entité constitutive faiblement imposée d'un Groupe d'EMN au titre de cette Année fiscale (calculé conformément à l'Article 5.2), sous réserve des modifications décrites dans le présent Article 2.5 et à l'Article 9.3.

2.5.2. L'Impôt complémentaire calculé à raison d'une Entité constitutive faiblement imposée qui est par ailleurs pris en compte pour l'application de l'article 2.5.1 est ramené à zéro si tous les Titres de participation détenus par l'Entité mère ultime dans cette Entité constitutive faiblement imposée sont détenus, directement ou indirectement, par une ou plusieurs Entités mères qui sont tenues d'appliquer une RDIR qualifiée à raison de l'Entité constitutive faiblement imposée, au titre de l'Année fiscale concernée, dans la juridiction où elles se situent.

2.5.3. Dans les cas où l'article 2.5.2 ne s'applique pas, l'Impôt complémentaire calculé à raison d'une Entité constitutive faiblement imposée qui est par ailleurs pris en compte pour l'application de l'article 2.5.1 doit être minoré de la Part de l'impôt complémentaire attribuable à une Entité mère à raison de cette Entité constitutive faiblement imposée et dont cette Entité mère est redevable en vertu d'une RDIR qualifiée.

Article 2.6. Attribution de l'Impôt complémentaire pour la RPII

2.6.1. Sous réserve des articles 2.6.2 et 2.6.3, le Montant de l'impôt complémentaire pour la RPII attribué à [ajouter le nom de la juridiction qui met en œuvre] est le résultat du produit du Montant total de l'impôt complémentaire pour la RPII déterminé à l'article 2.5.1 par le Ratio pour la RPII de la juridiction. Le Ratio pour la RPII [ajouter le nom de la juridiction qui met en œuvre] est déterminé au titre de chaque Année fiscale pour chaque Groupe d'EMN selon la formule suivante :

$$50\ \% \times \frac{Nombre\ d'employés\ dans\ la\ juridiction}{Nombre\ d'employés\ dans\ toutes\ les\ juridictions\ avec\ RPII} + 50\ \% \times \frac{Valeur\ totale\ des\ Actifs\ corporels\ dans\ la\ juridiction}{Valeur\ totale\ des\ Actifs\ corporels\ dans\ toutes\ les\ juridictions\ avec\ RPII}$$

où, pour chaque Année fiscale :

(a) le Nombre d'employés dans la juridiction correspond au Nombre d'employés de l'ensemble des Entités constitutives du Groupe d'EMN situées en [ajouter le nom de la juridiction qui met en œuvre] ;

(b) Le Nombre d'employés dans toutes les Juridictions avec RPII correspond au Nombre d'employés de l'ensemble des Entités constitutives du Groupe d'EMN situées dans une juridiction qui a une RPII qualifiée en vigueur au cours de l'Année fiscale ;

(c) la valeur totale des Actifs corporels dans la juridiction correspond à la somme des Valeurs nettes comptables des actifs corporels de l'ensemble des Entités constitutives du Groupe d'EMN situées en [ajouter le nom de la juridiction qui met en œuvre] ;

(d) la valeur totale des Actifs corporels dans toutes les Juridictions avec RPII correspond à la somme des Valeurs nettes comptables des actifs corporels de l'ensemble des Entités constitutives du Groupe d'EMN situées dans une juridiction qui a une RPII qualifiée en vigueur au cours de l'Année fiscale.

2.6.2. Aux fins de l'article 2.6.1,

(a) le Nombre d'employés et la Valeur nette comptable des actifs corporels détenus par une Entité d'investissement sont exclus des éléments de la formule utilisée pour attribuer le Montant total de l'impôt complémentaire pour la RPII ;

(b) le Nombre d'employés et la Valeur nette comptable des actifs corporels détenus par une Entité transparente localement qui ne sont pas attribués à des Établissements stables sont attribués aux (éventuelles) Entités constitutives situées dans la juridiction dans laquelle l'Entité transparente localement a été créée. Le Nombre d'employés et la Valeur nette comptable des actifs corporels détenus par une Entité transparente localement qui ne sont pas attribués à des Établissements stables ou en vertu de la présente disposition sont exclus de la formule utilisée pour attribuer le Montant total de l'impôt complémentaire pour la RPII.

2.6.3. Nonobstant l'article 2.6.1, le Ratio pour la RPII de [ajouter le nom de la juridiction qui met en œuvre] pour un Groupe d'EMN est réputé être égal à zéro au titre d'une Année fiscale dès lors que le Montant de l'impôt complémentaire attribué à [ajouter le nom de la juridiction qui met en œuvre] au titre d'une Année fiscale antérieure n'a pas eu pour effet que les Entités constitutives de ce Groupe d'EMN situées en [ajouter le nom de la juridiction qui met en œuvre] supportent une charge d'impôt supplémentaire sous la forme d'une sortie de trésorerie égale, au total, au Montant de l'impôt complémentaire pour la RPII attribué à [ajouter le nom de la juridiction qui met en œuvre] au titre de cette Année fiscale antérieure. Le Nombre d'employés et les Actifs corporels des Entités constitutives de ce Groupe d'EMN situées dans une juridiction dont le Ratio pour la RPII est égal à zéro au titre d'une Année fiscale sont exclus de la formule visée à l'article 2.6.1 pour l'attribution du Montant total de l'impôt complémentaire pour la RPII au titre de cette Année fiscale.

2.6.4. L'article 2.6.3 ne s'applique pas au titre d'une Année fiscale si toutes les juridictions avec une RPII qualifiée en vigueur au cours de l'Année fiscale ont un Ratio pour la RPII égal à zéro pour le Groupe d'EMN au titre de cette Année fiscale.

3 Calcul du Résultat GloBE

Fonctionnement des règles dans ce chapitre

Dans ce chapitre, le montant du Résultat GloBE d'une Entité constitutive est calculé :

- à partir du Résultat net comptable de l'Entité constitutive au titre de l'Année fiscale, en vertu de l'Article 3.1 ; puis
- en ajustant ce montant conformément aux Article 3.2 à Article 3.5 afin d'obtenir le Résultat GloBE de l'Entité.

Article 3.1. États financiers

3.1.1. Le Résultat GloBE de chaque Entité constitutive correspond au Résultat net comptable de l'Entité constitutive au titre de l'Année fiscale, corrigé(e) des éléments mentionnés aux articles Article 3.2 à 3.5.

3.1.2. Le Résultat net comptable correspond au bénéfice ou à la perte net(te) déterminé(e) pour une Entité constitutive (avant tout ajustement de consolidation destiné à éliminer les transactions intragroupes) lors de l'établissement des États financiers consolidés de l'Entité mère ultime.

3.1.3. S'il n'est pas raisonnablement possible de déterminer le Résultat net comptable d'une Entité constitutive en application de la norme comptable utilisée pour la préparation des États financiers consolidés de l'Entité mère ultime, le Résultat net comptable de l'Entité constitutive au titre de l'Année fiscale peut être déterminé en application d'une autre Norme de comptabilité financière admissible ou d'une Norme de comptabilité financière agréée, à condition que :

(a) les comptes sociaux de l'Entité constitutive soient établis sur la base de cette norme comptable ;

(b) les informations contenues dans les comptes sociaux soient fiables ; et

(c) les différences permanentes supérieures à 1 million EUR résultant de l'application, aux éléments de produits ou de charges ou aux transactions, d'un principe ou d'une norme spécifiques qui diffère de la norme financière utilisée pour la préparation des États financiers consolidés de l'Entité mère ultime, soient ajustées pour adopter le traitement requis en vertu de la norme comptable utilisée dans les États financiers consolidés de l'Entité mère ultime.

Article 3.2. Ajustements nécessaires pour déterminer le Résultat GloBE

3.2.1. Afin d'établir le Résultat GloBE d'une Entité constitutive, le Résultat net comptable de cette Entité est corrigé des éléments suivants :

(a) de la Charge fiscale nette ;

(b) des Dividendes exclus ;

(c) des Plus ou moins-value sur capitaux exclues ;

(d) des Plus ou moins-value incluses au titre de la méthode de réévaluation ;

(e) des Plus ou moins-value résultant de la cession d'actifs et de passifs exclues en vertu de l'Article 6.3 ;

(f) des Gains ou pertes de change asymétriques ;

(g) des Dépenses non admises en déduction par principe ;

(h) des Erreurs relatives à des périodes antérieures et des changements de principes comptables ; et

(i) des Charges de retraite à payer.

3.2.2. Sur option de l'Entité constitutive déclarante, une Entité constitutive peut utiliser le montant déductible fiscalement là où elle est située à la place du montant inscrit en charge dans ses comptes sociaux au titre d'un coût ou d'une charge, supporté(e) par cette Entité constitutive, qui correspond au paiement d'une rémunération sous forme d'actions. Si la charge relative à la rémunération sous forme d'actions porte sur une option qui expire sans qu'elle ait été exercée, l'Entité constitutive doit réintégrer le montant total précédemment déduit dans le calcul de son Résultat GloBE au titre de l'Année fiscale au cours de laquelle l'option expire. L'option est valable cinq ans et doit être appliquée de manière continue aux rémunérations sous forme d'actions payées par toutes les Entités constitutives situées dans la même juridiction durant l'année au titre de laquelle l'option a été exercée et durant toutes les Années fiscales ultérieures. Si l'option est exercée au cours d'une Année fiscale, alors qu'une partie de la rémunération sous forme d'actions afférente à une transaction a déjà été enregistrée dans les comptes sociaux, l'Entité constitutive doit réintégrer dans le calcul de son Résultat GloBE au titre de cette Année fiscale l'excédent du montant cumulé déduit en tant que charge dans le calcul de son Résultat GloBE au titre des Années fiscales précédentes sur le montant cumulé qui aurait été déduit en tant que charge si l'option avait été exercée au titre de ces Années fiscales. Si l'option est révoquée, l'Entité constitutive doit réintégrer dans le calcul de son Résultat GloBE au titre de l'année de révocation l'excédent du montant déduit en vertu de l'option exercée sur la charge comptable relative à la rémunération sous forme d'actions qui n'a pas été payée.

3.2.3. Toute transaction entre des Entités constitutives situées dans des juridictions différentes qui n'est pas enregistrée au même montant dans les comptes sociaux des deux Entités constitutives ou qui n'est pas conforme au principe de pleine concurrence doit être ajustée de sorte que le montant enregistré soit identique et que la transaction soit conforme au principe de pleine concurrence. Une perte résultant de la vente ou du transfert d'actif entre deux Entités constitutives situées dans la même juridiction qui n'est pas enregistrée conformément au Principe de pleine concurrence doit être recalculée en se fondant sur le Principe de pleine concurrence si cette perte est prise en compte dans le calcul du Résultat GloBE. Les règles relatives à la répartition des bénéfices ou des pertes entre une Entité principale et ses Établissements stables sont définies à l'Article 3.4.

3.2.4. Les Crédits d'impôt remboursables qualifiés sont considérés comme un revenu pour le calcul du Résultat GloBE d'une Entité constitutive. Les Crédits d'impôt remboursables non qualifiés ne sont pas considérés comme un revenu pour le calcul du Résultat GloBE d'une Entité constitutive.

3.2.5. En ce qui concerne les actifs et passifs comptabilisés à un montant réévalué à la juste valeur ou faisant l'objet d'une dépréciation dans les États financiers consolidés, une Entité constitutive déclarante peut choisir d'appliquer le principe de réalisation afin de déterminer les plus et moins-values prises en compte dans le Bénéfice GloBE. Cette option est valable cinq ans et concerne toutes les Entités constitutives situées dans la juridiction où l'option s'applique. Elle s'applique à tous les actifs et passifs de ces Entités constitutives, sauf si l'Entité constitutive déclarante choisit d'en limiter le périmètre d'application aux actifs corporels de ces Entités constitutives ou aux Entités constitutives qui sont des Entités d'investissement. Cette option implique que :

(a) toutes les plus ou moins-values imputables à la comptabilisation à la juste valeur ou à la dépréciation d'un actif ou d'un passif sont exclues du calcul du Résultat GloBE ;

(b) la valeur comptable d'un actif ou d'un passif, retenue aux fins de la détermination d'une plus ou moins-value correspond à sa valeur comptable à la plus tardive des dates suivantes :

(i) le premier jour de l'Année d'application de l'option, ou

(ii) la date à laquelle l'actif a été acquis ou le passif a été souscrit ; et

(c) si l'option est révoquée, le Résultat GloBE des Entités constitutives est corrigé de la différence constatée, au début de l'année de révocation, entre la juste valeur de l'actif ou du passif et sa valeur comptable déterminée en application de cette option.

3.2.6. Lorsqu'une Plus-value cumulée sur cession d'actifs est constatée dans une juridiction au cours d'une Année fiscale, l'Entité constitutive déclarante peut, en vertu du présent article 3.2.6, exercer une Option annuelle pour cette juridiction visant à ajuster le Résultat GloBE au titre de chaque Année fiscale précédente de la Période antérieure concernée de la manière décrite aux paragraphes (b) et (c) et à répartir sur la Période antérieure concernée, conformément au paragraphe (d), toute Plus-value ajustée sur cession d'actifs subsistante. Le Taux effectif d'imposition et l'Impôt complémentaire éventuel relatifs à toute Année fiscale précédente doivent être recalculés conformément aux dispositions de l'article 5.4.1. Lorsqu'une option est exercée en vertu du présent article :

(a) Les Impôts concernés au titre d'une Plus-value nette sur cession d'actifs ou d'une Moins-value nette sur cession d'actifs comptabilisée au titre de l'Année d'application de l'option sont exclus du calcul du Montant ajusté des Impôts concernés.

(b) La Plus-value cumulée sur cession d'actifs réalisée au titre de l'Année d'application de l'option est reportée sur l'Année déficitaire la plus ancienne et imputée de façon proportionnelle sur toute Moins-value nette sur cession d'actifs de toute Entité constitutive située dans cette juridiction.

(c) Si, pour toute Année déficitaire, la Plus-value ajustée sur cession d'actifs est supérieure au montant total de la Moins-value nette sur cession d'actifs de toutes les Entités constitutives situées dans cette juridiction, la Plus-value ajustée sur cession d'actifs est reportée sur l'Année déficitaire suivante (le cas échéant), et déduite de façon proportionnelle de toute Moins-value nette sur cession d'actifs de toute Entité constitutive située dans cette juridiction.

(d) Toute Plus-value ajustée sur cession d'actifs qui subsiste après l'application des dispositions des paragraphes (b) et (c) est allouée à parts égales entre les Années fiscales comprises dans la Période antérieure concernée. La Plus-value sur cession d'actifs allouée au titre de l'année concernée est prise en compte dans le calcul du Résultat GloBE d'une Entité constitutive située dans cette juridiction au cours de cette année, selon la formule suivante :

$$\text{Plus-value sur cession d'actifs allouée au titre de l'année concernée} \times \frac{\text{Plus-value nette sur cession d'actifs de l'Entité constitutive désignée au cours de l'Année d'application de l'option}}{\text{Plus-value nette sur cession d'actifs de toutes les Entités constitutives désignées au cours de l'Année d'application de l'option}}$$

Pour les besoins de la formule ci-dessus, une Entité constitutive désignée est une Entité constitutive qui a enregistré une Plus-value nette sur cession d'actifs au titre de l'Année d'application de l'option, et qui était située dans la juridiction au cours de l'année concernée. En l'absence d'Entité constitutive désignée au titre d'une année concernée, la Plus-value ajustée sur cession d'actifs allouée à cet exercice est répartie à parts égales entre chaque Entité constitutive située dans la juridiction au cours de cette année.

3.2.7. Le calcul du Résultat GloBE d'une Entité faiblement imposée exclut toute charge imputable à un Accord de financement intragroupe dont on peut raisonnablement anticiper, sur la durée de l'accord, qu'il :

(a) augmente le montant des charges prises en compte dans le calcul du Résultat GloBE de l'Entité faiblement imposée ;

(b) sans accroître de façon proportionnelle le revenu imposable de la Contrepartie à fiscalité élevée.

3.2.8. Une Entité mère ultime peut choisir d'appliquer son traitement comptable consolidé afin d'éliminer les produits, charges, plus ou moins-values relatifs à des transactions entre des Entités constitutives situées dans la même juridiction et appartenant au même groupe d'intégration fiscale, pour les besoins du calcul du Bénéfice net ou de la perte GloBE nette de chacune de ces Entités constitutives. Cette option est valable cinq ans. Une fois que l'option est exercée ou révoquée, les ajustements nécessaires à l'application des règles GloBE doivent être réalisés afin d'éviter le double comptage ou l'omission d'éléments du Résultat GloBE résultant de l'exercice ou de la révocation de cette option.

3.2.9. Une société d'assurance doit exclure du calcul du Résultat GloBE les montants facturés aux assurés au titre des impôts payés par la société d'assurance sur les revenus attribués aux assurés. Une société d'assurance doit inclure dans le calcul du Résultat GloBE les revenus attribués aux assurés qui ne sont pas pris en compte dans le Résultat net comptable à hauteur de l'augmentation ou de la diminution correspondante des engagements envers les assurés qui est reflétée dans son Résultat net comptable.

3.2.10. Les montants comptabilisés en diminution des fonds propres d'une Entité constitutive imputables à des distributions payées ou dues au titre des Fonds propres additionnels T1 émis par l'Entité constitutive sont traités comme une charge aux fins du calcul de son Résultat GloBE. Les montants comptabilisés en augmentation des fonds propres d'une Entité constitutive imputables à des distributions reçues ou à recevoir au titre des Fonds propres additionnels T1 détenus par l'Entité constitutive sont inclus dans le calcul de son Résultat GloBE.

3.2.11. Le Résultat net comptable d'une Entité constitutive doit être ajusté de manière à assurer la bonne application des règles prévues par les dispositions concernées des chapitres 6 et 7.

Article 3.3. Exclusion du Résultat provenant de l'exploitation de navires en trafic international

3.3.1. Dans le cas d'un Groupe d'EMN qui génère un Résultat provenant de l'exploitation de navires en trafic international, le Résultat d'exploitation de navires en trafic international et le Résultat d'activités qualifiées accessoires à l'exploitation de navires en trafic international sont, pour chaque Entité constitutive, exclus du calcul de son Résultat GloBE déterminé à l'Article 3.2 dans la juridiction où elle est située. Lorsque le calcul du Résultat provenant de l'exploitation de navires en trafic international et du Résultat provenant d'activités qualifiées, accessoires à l'exploitation de navires en trafic international d'une Entité constitutive font apparaître une perte, celle-ci est exclue du calcul de son Résultat GloBE.

3.3.2. Le Résultat provenant de l'exploitation de navires en trafic international correspond au résultat net que tire une Entité constitutive des activités suivantes :

(a) le transport de passagers ou de marchandises effectué par des navires qu'elle exploite en trafic international, que les navires lui appartiennent, qu'ils lui soient loués ou qu'ils soient mis à sa disposition d'une autre manière ;

(b) le transport de passagers ou de marchandises effectué par des navires exploités en trafic international dans le cadre d'accords d'affrètement de cellules ;

(c) la location d'un navire, tout armé et équipé, destiné au transport de passagers ou de marchandises en trafic international ;

(d) la location coque nue d'un navire, destiné au transport de passagers ou de marchandises en trafic international, à une autre Entité constitutive ;

(e) la participation à un pool, une exploitation en commun ou un organisme international d'exploitation en vue du transport de passagers ou de marchandises en trafic international ; et

(f) la vente d'un navire utilisé pour le transport de passagers ou de marchandises en trafic international, à condition que le navire ait été détenu pour être utilisé par l'Entité constitutive pendant un an au moins.

Le Résultat provenant de l'exploitation de navires en trafic international n'inclut pas le résultat net généré par des activités de transport de passagers ou de marchandises par voies navigables intérieures au sein de la même juridiction.

3.3.3. Le Résultat provenant d'activités qualifiées, accessoires à l'exploitation de navires en trafic international désigne le résultat net que tire une Entité constitutive des activités suivantes, exercées principalement en lien avec le transport maritime de passagers ou de marchandises en trafic international :

(a) la location coque nue d'un navire à une autre compagnie maritime qui n'est pas une Entité constitutive, à condition que la location n'excède pas trois ans ;

(b) la vente de billets émis par d'autres compagnies de transport maritime pour le trajet intérieur d'un voyage international ;

(c) la location et le stockage à court terme de conteneurs ou les redevances d'immobilisation pour le retour tardif de conteneurs ;

(d) la fourniture de services à d'autres compagnies de transport maritime par des ingénieurs, des agents de maintenance, des manutentionnaires, du personnel chargé de la restauration et de l'accueil de la clientèle ; et

(e) les revenus d'investissement lorsque l'investissement qui génère le revenu fait partie intégrante de l'exploitation des navires en trafic international.

3.3.4. Le Résultat provenant d'activités qualifiées, accessoires à l'exploitation de navires en trafic international de l'ensemble des Entités constitutives situées dans une juridiction ne peut excéder 50 % du Résultat provenant de l'exploitation de navires en trafic international de ces Entités constitutives.

3.3.5. Les coûts supportés par une Entité constitutive qui sont directement imputables à ses activités de transport maritime international énumérées à l'article 3.3.2, ainsi que les coûts directement imputables à ses activités qualifiées accessoires énumérées à l'article 3.3.3 sont déduits du chiffre d'affaires généré par ces activités pour l'Entité constitutive afin de calculer son Résultat provenant de l'exploitation de navires en trafic international et son Résultat provenant d'activités qualifiées, accessoires à l'exploitation de navires en trafic international. Les autres coûts supportés par une Entité constitutive qui sont indirectement imputables aux activités de transport maritime international d'une Entité constitutive et aux activités qualifiées accessoires sont répartis sur la base du chiffre d'affaires provenant de ces activités pour l'Entité constitutive, au prorata de son chiffre d'affaires total. Tous les coûts directs et indirects imputables au Résultat provenant de l'exploitation de navires en trafic international et au Résultat provenant d'activités qualifiées, accessoires à l'exploitation de navires en trafic international d'une Entité constitutive sont exclus du calcul de son Résultat GloBE.

3.3.6. Le Résultat provenant de l'exploitation de navires en trafic international et le Résultat provenant d'activités qualifiées, accessoires à l'exploitation de navires en trafic international d'une Entité constitutive sont exclus du calcul de son Résultat GloBE à condition que l'Entité constitutive démontre que la gestion stratégique ou commerciale de tous les navires concernés est effectivement réalisée depuis la juridiction où l'Entité constitutive est située.

Article 3.4. Répartition des bénéfices ou des pertes entre une Entité principale et un Établissement stable

3.4.1. Le Résultat net comptable d'une Entité constitutive qui est un Établissement stable en vertu des dispositions des paragraphes (a), (b) et (c) de la définition figurant à l'Article 10.1 correspond au bénéfice net ou à la perte nette enregistré dans les comptes sociaux distincts de l'Établissement stable. Si l'Établissement stable ne dispose pas de comptes sociaux distincts, le Résultat net comptable correspond au montant qui aurait été comptabilisé dans ses comptes sociaux distincts s'ils avaient été établis de manière autonome et conformément à la norme comptable utilisée pour la préparation des États financiers consolidés de l'Entité mère ultime.

3.4.2. Le Résultat net comptable d'un Établissement stable visé à l'article 3.4.1 est ajusté, si nécessaire :

(a) dans le cas d'un Établissement stable au sens des paragraphes (a) et (b) de la définition figurant à l'Article 10.1, afin de ne prendre en compte que les montants, éléments de revenus et charges attribuables à l'Établissement stable conformément à la convention fiscale applicable ou au droit interne de la juridiction où il est situé, indépendamment du montant du revenu imposable et des charges déductibles dans cette juridiction ;

(b) dans le cas d'un Établissement stable au sens du paragraphe (c) de la définition figurant à l'Article 10.1, afin de ne prendre en compte que les montants, éléments de revenus et charges qui lui auraient été attribués conformément à l'article 7 du Modèle de convention fiscale de l'OCDE.

3.4.3. Dans le cas d'une Entité constitutive qui est un Établissement stable au sens du paragraphe (d) de la définition figurant à l'Article 10.1, le revenu pris en compte pour le calcul du Résultat net comptable est le revenu exonéré dans la juridiction où l'Entité principale est située, et qui est attribuable aux opérations réalisées à l'extérieur de cette juridiction. Les charges prises en compte pour le calcul du Résultat net comptable sont celles qui ne sont pas déduites fiscalement dans la juridiction où se situe l'Entité principale, et qui sont attribuables à ces opérations.

3.4.4. Le Résultat net comptable d'un Établissement stable n'est pas pris en compte dans la détermination du Résultat GloBE de l'Entité principale, sauf dans les cas prévus à l'article 3.4.5.

3.4.5. La Perte GloBE d'un Établissement stable constitue une charge de l'Entité principale (et non de l'Établissement stable) aux fins du calcul de son Résultat GloBE, dans la mesure où la perte de l'Établissement stable est considérée comme une charge en droit interne dans le calcul du revenu imposable de cette Entité principale, et n'est pas imputée sur un élément de revenu imposable à la fois en vertu du droit de la juridiction de l'Entité principale et de la juridiction de l'Établissement stable. Le Bénéfice GloBE généré par la suite par l'Établissement stable est considéré comme le Bénéfice GloBE de l'Entité principale (et non de l'Établissement stable) à hauteur du montant de la Perte GloBE qui était précédemment considérée comme une charge aux fins du calcul du Résultat GloBE de l'Entité principale.

Article 3.5. Répartition des bénéfices ou des pertes d'une Entité transparente localement

3.5.1. Le Résultat net comptable d'une Entité constitutive qui est une Entité transparente localement est réparti de la manière suivante :

(a) dans le cas d'un Établissement stable par l'intermédiaire duquel l'Entité exerce son activité en tout ou partie, le Résultat net comptable de l'Entité est imputé à cet Établissement stable conformément aux dispositions de l'Article 3.4 ;

(b) dans le cas d'une Entité fiscalement transparente qui n'est pas l'Entité mère ultime, le Résultat net comptable qui subsiste après l'application des dispositions du paragraphe (a) est imputé aux Entités détentrices de titres d'une Entité constitutive conformément à leurs Titres de participation ; et

(c) dans le cas d'une Entité fiscalement transparente qui est l'Entité mère ultime ou une Entité hybride inversée, le Résultat net comptable qui subsiste après l'application des dispositions du paragraphe (a) lui est imputé.

3.5.2. Les règles visées à l'article 3.5.1 sont appliquées séparément à chaque Titre de participation dans l'Entité transparente localement.

3.5.3. Préalablement à l'application des dispositions de l'article 3.5.1, le Résultat net comptable d'une Entité transparente localement est réduit à concurrence du montant attribuable à ses détenteurs qui ne sont pas des Entités du Groupe, et qui détiennent leurs Titres de participation dans l'Entité transparente localement directement ou par le biais d'une Structure fiscalement transparente.

3.5.4. L'article 3.5.3 ne s'applique pas à :

(a) une Entité mère ultime qui est une Entité transparente localement ; ou à

(b) une Entité transparente localement détenue par une telle Entité mère ultime (directement ou par l'intermédiaire d'une Structure fiscalement transparente).

Le régime applicable à ces Entités est prévu à l'Article 7.1.

3.5.5. Le Résultat net comptable d'une Entité transparente localement est réduit à concurrence du montant attribué à une autre Entité constitutive.

4 Calcul du Montant ajusté des Impôts concernés

Fonctionnement des règles en vertu de ce chapitre

En vertu de ce chapitre, le montant des Impôts concernés d'une Entité constitutive, tel que défini à l'Article 4.2 est déterminé :

- à partir des impôts exigibles dont le montant est déterminé pour l'Entité constitutive au titre de l'Année fiscale conformément à l'Article 4.1 et ajusté pour tenir compte de certaines différences temporelles conformément aux articles 4.4 et 4.5 ;
- en affectant, dans certains cas, les Impôts concernés d'une Entité constitutive à une autre conformément à l'Article 4.3 ; et
- en prenant en compte l'incidence de certains ajustements fiscaux survenus après le dépôt de la déclaration, conformément à l'Article 4.6.

Article 4.1. Montant ajusté des Impôts concernés

4.1.1. Le Montant ajusté des Impôts concernés d'une Entité constitutive au titre de l'Année fiscale correspond à la charge d'impôt exigible portant sur des Impôts concernés et comptabilisée dans le Résultat net comptable au titre l'Année fiscale, ajustée:

(a) du montant net des Eléments additionnels aux Impôts concernés au titre de l'Année fiscale pour l'Entité constitutive (déterminé conformément à l'article 4.1.2) et des Eléments à soustraire des Impôts concernés au titre de l'Année fiscale (déterminé conformément à l'article 4.1.3) ;

(b) du Montant total de l'ajustement pour impôt différé (déterminé conformément à l'Article 4.4) ; et

(c) de toute majoration ou minoration des Impôts concernés enregistrée dans les fonds propres ou dans les Autres éléments du résultat global et qui se rapporte à des éléments pris en compte dans le calcul du Résultat GloBE qui seront assujettis à l'impôt en vertu des règles fiscales locales.

4.1.2. Les Eléments additionnels aux Impôts concernés d'une Entité constitutive au titre de l'Année fiscale sont la somme de ce qui suit :

(a) tout montant d'Impôts concernés comptabilisé comme une dépense aux fins du calcul du bénéfice avant impôt dans les comptes sociaux ;

(b) tout montant d'Impôt différé actif au titre d'un déficit GloBE utilisé aux termes de l'article 4.5.3 ;

(c) tout montant d'Impôt concerné acquitté au cours de l'Année fiscale et qui se rapporte à une position fiscale incertaine lorsque ce montant a été considéré comme Elément à soustraire des Impôts concernés au titre d'une Année fiscale antérieure aux termes de l'article 4.1.3(d) ; et

(d) tout montant de crédit ou de remboursement correspondant à un Crédit d'impôt remboursable qualifié qui est comptabilisé comme une réduction de la charge d'impôt exigible.

4.1.3. Les Eléments à soustraire des Impôts concernés d'une Entité constitutive au titre de l'Année fiscale sont la somme de ce qui suit :

(a) le montant de la charge d'impôt exigible se rapportant au bénéfice exclu du calcul du Résultat GloBE en vertu du chapitre 3 ;

(b) tout montant de crédit ou de remboursement, correspondant à un Crédit d'impôt remboursable non qualifié qui n'est pas comptabilisé comme une réduction de la charge d'impôt exigible ;

(c) tout montant d'Impôt concerné ayant fait l'objet d'un remboursement ou d'un crédit, à l'exception de tout Crédit d'impôt remboursable qualifié, au bénéfice d'une Entité constitutive et qui n'a pas été considéré comme un ajustement de la charge d'impôt exigible dans les comptes sociaux ;

(d) le montant de la charge d'impôt exigible se rapportant à une position fiscale incertaine ; et

(e) tout montant correspondant à une charge d'impôt exigible dont on ne s'attend pas à ce qu'elle soit acquittée dans les trois ans suivant le dernier jour de l'Année fiscale.

4.1.4. Aucun montant d'Impôts concernés ne peut être pris en compte plus d'une fois.

4.1.5. Si, au cours d'une Année fiscale au titre de laquelle aucun Bénéfice GloBE net n'apparaît pour une juridiction, le Montant ajusté des Impôts concernés pour une juridiction est négatif et est inférieur au Montant ajusté des Impôts concernés escompté, les Entités constitutives situées dans cette juridiction sont considérées comme redevables d'un Impôt complémentaire additionnel courant pour la juridiction conformément à l'Article 5.4, au titre de l'Année fiscale en cours, à hauteur de la différence entre ces deux montants. Le Montant ajusté des Impôts concernés escompté correspond au Résultat GloBE pour une juridiction multiplié par le Taux minimum.

Article 4.2. Définition des Impôts concernés

4.2.1. Les Impôts concernés désignent :

(a) les impôts inscrits dans les comptes sociaux d'une Entité constitutive et qui se rapportent à son revenu ou à ses bénéfices ou à sa part du revenu ou des bénéfices d'une Entité constitutive dans laquelle elle détient un titre de participation ;

(b) les impôts sur les bénéfices distribués, sur les bénéfices réputés distribués et sur les dépenses non commerciales, imposés selon un Régime éligible d'imposition des distributions ;

(c) les impôts perçus en lieu et place de l'impôt sur les bénéfices des sociétés généralement applicable ; et

(d) les impôts prélevés sur les bénéfices non distribués et les fonds propres, y compris les impôts assis sur de multiples éléments basés sur les bénéfices et les fonds propres.

4.2.2. Les Impôts concernés n'incluent aucun montant correspondant à :

(a) un Impôt complémentaire dû par une Entité mère au titre d'une RDIR qualifiée ;

(b) un Impôt complémentaire dû par une Entité constitutive au titre d'un Impôt complémentaire minimum qualifié prélevé localement ;

(c) des impôts relatifs à un ajustement effectué par une Entité constitutive en application d'une RPII qualifiée ;

(d) un Impôt imputé remboursable non qualifié ;

(e) des impôts acquittés par une société d'assurance au titre des revenus attribués aux assurés.

Article 4.3. Affectation des Impôts concernés d'une Entité constitutive à une autre Entité constitutive

4.3.1. L'article 4.3.2 porte sur l'affectation, d'une Entité constitutive à une autre, des Impôts concernés qui se rapportent aux Établissements stables, aux Entités fiscalement transparentes et aux Entités hybrides, ainsi que des impôts sur les SEC et des impôts sur les distributions.

4.3.2. Les Impôts concernés d'une Entité constitutive sont affectés à une autre Entité constitutive dans les cas suivants :

(a) le montant des Impôts concernés inscrits dans les comptes sociaux d'une Entité constitutive se rapportant au Résultat GloBE d'un Établissement stable est affecté à l'Établissement stable.

(b) le montant des Impôts concernés inscrits dans les comptes sociaux d'une Entité fiscalement transparente se rapportant au Résultat GloBE attribué(e) à une Entité détentrice de titres d'une entité constitutive conformément à l'article 3.5.1(b) est affecté à cette Entité détentrice de titres de cette entité constitutive ;

(c) dans le cas où les Entités détentrices de titres d'une Entité constitutive sont assujetties à un Régime fiscal des sociétés étrangères contrôlées, le montant de tout Impôt concerné inscrit dans les comptes sociaux des Entités détentrices, directement ou indirectement, de titres de l'Entité constitutive, et assujetties à un Régime fiscal des sociétés étrangères contrôlées sur leur part du bénéfice de la société étrangère, est affecté à l'Entité constitutive ;

(d) dans le cas d'une Entité constitutive qui est une Entité hybride, le montant de tout Impôt concerné sur le bénéfice de l'Entité hybride inscrit dans les comptes sociaux d'une Entité détentrice de titres de l'Entité constitutive est affecté à l'Entité hybride ; et

(e) le montant de tout Impôt concerné, comptabilisé dans les comptes sociaux des Entités détentrices directement de titres d'une Entité constitutive, et portant sur les bénéfices distribués par l'Entité constitutive pendant l'Année fiscale, est affecté à l'Entité constitutive distributrice.

4.3.3. Les Impôts concernés affectés à une Entité constitutive conformément à l'article 4.3.2(c) et (d) et relatifs à des Revenus passifs sont pris en compte dans le Montant ajusté des Impôts concernés de cette Entité constitutive à concurrence du plus faible des deux montants suivants :

(a) le montant des Impôts concernés se rapportant à ces Revenus passifs ; ou

(b) Le produit du pourcentage de l'Impôt complémentaire pour la juridiction de l'Entité constitutive, déterminé indépendamment des Impôts concernés dus au titre de ces Revenus passifs par l'Entité détentrice de titres de l'entité constitutive, multiplié par le montant des Revenus passifs de l'Entité constitutive susceptibles d'être inclus en vertu d'un Régime fiscal des sociétés étrangères contrôlées ou de règles sur la transparence fiscale.

Si un Impôt concerné dû par l'Entité détentrice de titres de l'entité constitutive au titre de ces Revenus passifs subsiste après l'application de cet article, cet impôt n'est pas affecté en vertu des articles 4.3.2(c) ou (d).

4.3.4. Lorsque le Bénéfice GloBE d'un Établissement stable est considéré comme Bénéfice GloBE de l'Entité principale conformément à l'article 3.4.5, tout Impôt concerné dû là où se situe l'Établissement stable et portant sur ce bénéfice est considéré comme un Impôt concerné de l'Entité principale à concurrence d'un montant limité au produit de ce bénéfice multiplié par le taux de l'impôt sur les bénéfices ordinaires des sociétés le plus élevé applicable dans la juridiction où se situe l'Entité principale.

Article 4.4. Mécanisme pour prévenir les différences temporelles

4.4.1. Le Montant total de l'ajustement pour impôt différé pour une Entité constitutive au titre de l'Année fiscale est égal à la charge d'impôt différé, telle que comptabilisée dans ses comptes sociaux si le taux d'imposition applicable est inférieur au Taux minimum ou, dans tout autre cas, à la charge d'impôt différé recalculée au Taux minimum, portant sur les Impôts concernés au titre de l'Année fiscale, après application des ajustements prévus aux articles 4.4.2 et 4.4.3 et des exclusions suivantes :

(a) le montant de la charge d'impôt différé portant sur des éléments exclus du calcul du Résultat GloBE en vertu du chapitre 3 ;

(b) le montant de la charge d'impôt différé se rapportant à une Charge d'impôt non reconnue et à une Charge d'impôt non réclamée ;

(c) l'incidence sur un Impôt différé actif d'un ajustement de valeur ou d'un ajustement de la reconnaissance d'un point de vue comptable ;

(d) le montant de la charge d'impôt différé comptabilisée lors d'une réévaluation causée par la variation du taux d'imposition applicable en droit interne ; et

(e) le montant de la charge d'impôt différé portant sur la création et l'utilisation de crédits d'impôt.

4.4.2. Le Montant total de l'ajustement pour impôt différé est ajusté comme suit :

(a) majoré du montant de toute Charge d'impôt non reconnue ou de toute Charge d'impôt non réclamée, acquittée pendant l'Année fiscale ;

(b) majoré du montant de l'Impôt différé passif régularisé, déterminé pendant une Année fiscale antérieure et qui a été acquitté pendant l'Année fiscale ; et

(c) minoré du montant qui constituerait une réduction du Montant total de l'ajustement pour impôt différé si un Impôt différé actif au titre d'un déficit de l'année en cours était comptabilisé, lorsqu'un tel Impôt différé actif au titre d'un déficit n'a pas été enregistré comptablement parce que les critères nécessaires à sa comptabilisation n'étaient pas remplis.

4.4.3. Un Impôt différé actif qui a été comptabilisé à un taux inférieur au Taux minimum peut être recalculé au Taux minimum pendant l'Année fiscale au titre de laquelle cet Impôt différé actif est enregistré si le contribuable peut démontrer qu'il est attribuable à une Perte GloBE. Le Montant total de l'ajustement pour impôt différé est minoré du montant de la majoration de l'Impôt différé actif qui résulte du nouveau calcul effectué conformément au présent article.

4.4.4. Dans la mesure où un Impôt différé passif, qui n'est pas une Charge d'impôt non soumise à régularisation, est pris en compte conformément au présent article et que son montant n'est pas acquitté au cours des cinq Années fiscales ultérieures, il doit être régularisé conformément au présent article. Le montant de l'Impôt différé passif régularisé, déterminé au titre de l'Année fiscale en cours, est réputé minorer les Impôts concernés de la cinquième Année fiscale précédente et le Taux d'imposition effectif et l'Impôt complémentaire au titre de cette Année fiscale doivent être recalculés conformément aux règles énoncées à l'article 5.4.1. Le montant de l'Impôt différé passif régularisé au titre de l'Année fiscale en cours correspond à l'augmentation d'une catégorie d'Impôt différé passif prise en compte dans le Montant total de l'ajustement pour impôt différé au titre de la cinquième Année fiscale antérieure et qui n'a pas été réglée au terme du dernier jour de l'Année fiscale en cours, à moins que ce montant ne se rapporte à une Charge d'impôt non soumise à régularisation comme indiqué à l'article 4.4.5.

4.4.5. La Charge d'impôt non soumise à régularisation désigne la charge d'impôts constatée attribuable aux variations d'Impôts différés passifs liés, se rapportant à :

(a) des dotations aux amortissement des actifs corporels ;

(b) au coût d'une licence ou d'un dispositif de même nature concédé(e) par l'État en contrepartie de l'utilisation de biens immobiliers ou de l'exploitation de ressources naturelles entraînant des investissements importants dans des actifs corporels ;

(c) des dépenses de recherche-développement ;

(d) des dépenses de mise hors service et de réparation ;

(e) la comptabilisation à la juste valeur de plus-values nettes non réalisées ;

(f) des gains nets de change ;

(g) des provisions techniques des sociétés d'assurance et des coûts différés de souscription de polices d'assurance ;

(h) des plus-values réalisées sur la vente de biens corporels situés dans la même juridiction que l'Entité constitutive qui sont réinvestis dans des biens corporels situés dans ladite juridiction ; et

(i) des montants additionnels dus en raison de modifications des principes comptables applicables aux catégories (a) à (h).

4.4.6. La Charge d'impôt non reconnue désigne :

(a) toute variation de la charge d'impôt différé dans les comptes sociaux d'une Entité constitutive se rapportant à une position fiscale incertaine ; et

(b) toute variation de la charge d'impôt différé dans les comptes sociaux d'une Entité constitutive se rapportant à des distributions de bénéfices par une Entité constitutive.

4.4.7. La Charge d'impôt non réclamée désigne toute majoration d'un Impôt différé passif enregistrée dans les comptes sociaux d'une Entité constitutive au titre d'une Année fiscale qui n'a pas vocation à être acquittée pendant la période indiquée à l'article 4.4.4 et pour laquelle l'Entité constitutive déclarante exerce une Option annuelle consistant à ne pas en tenir compte dans le calcul du Montant total de l'ajustement pour Impôt différé au titre de cette Année fiscale.

Article 4.5. Option liée à une perte GloBE

4.5.1. Au lieu d'appliquer les règles énoncées à l'Article 4.4, une Entité constitutive déclarante peut exercer une Option liée à une perte GloBE pour une juridiction. Lorsque l'Option liée à une perte GloBE est exercée pour une juridiction, un Impôt différé actif au titre d'une perte GloBE est établi au titre de chaque Année fiscale pendant laquelle une Perte GloBE nette est constatée pour la juridiction. L'Impôt différé actif établi au titre d'une perte GloBE correspond à la Perte GloBE nette au titre d'une Année fiscale pour la juridiction multipliée par le Taux minimum.

4.5.2. Le solde de l'Impôt différé actif au titre d'une perte GloBE est reporté sur les années fiscales ultérieures, minoré du montant de l'Impôt différé actif au titre d'une perte GloBE utilisé pendant l'Année fiscale.

4.5.3. L'Impôt différé actif au titre d'un déficit GloBE doit être utilisé au cours de toute Année fiscale ultérieure pendant laquelle un Bénéfice GloBE net est constaté pour la juridiction à concurrence du plus faible des deux montants suivants : le Bénéfice GloBE net multiplié par le Taux minimum ou le reliquat du montant de l'Impôt différé actif au titre d'une perte GloBE.

4.5.4. Si l'Option liée à une perte GloBE est ultérieurement révoquée, tout Impôt différé actif au titre d'une perte GloBE subsistant est ramené à zéro, à compter du premier jour de la première Année fiscale au titre de laquelle l'Option liée à une perte GloBE cesse d'être applicable.

4.5.5. L'Option liée à une perte GloBE doit être exercée lors de la première Déclaration d'information GloBE du Groupe d'EMN sur laquelle figure la juridiction pour laquelle cette option est exercée. L'Option liée à une perte GloBE ne peut pas être exercée pour une juridiction dotée d'un Régime éligible d'imposition des distributions tel que défini à l'Article 7.3.

4.5.6. Une entité transparente localement qui est une Entité mère ultime d'un Groupe d'EMN peut exercer une Option liée à une perte GloBE en vertu de cet article. Lorsque cette option est exercée, l'Impôt différé actif au titre d'une perte GloBE doit être calculé conformément aux articles 4.5.1 à 4.5.5. Toutefois, cet Impôt différé actif doit être calculé sur la base de la Perte GloBE de l'Entité transparente localement après le retraitement prévu à l'article 7.1.2.

Article 4.6. Rectifications postérieures au dépôt de la déclaration et variations du taux d'imposition

4.6.1. Toute rectification du montant des Impôts concernés dû par une Entité constitutive et enregistré dans les comptes sociaux au titre d'une Année fiscale antérieure est considérée comme s'appliquant aux Impôts concernés au titre de l'Année fiscale au cours de laquelle la rectification est effectuée, sauf si la rectification concerne une diminution des Impôts concernés pour la juridiction au titre de l'Année fiscale antérieure. Dans le cas où les Impôts concernés qui avaient été pris en compte pour déterminer le Montant ajusté des Impôts concernés de l'Entité constitutive au titre d'une Année fiscale antérieure sont diminués, le Taux effectif d'imposition et l'Impôt complémentaire au titre de cette Année fiscale doivent être recalculés conformément à l'article 5.4.1. Dans le nouveau calcul effectué conformément à l'article 5.4.1, le Montant ajusté des Impôts concernés déterminé au titre de l'Année fiscale est diminué du montant de la réduction appliquée aux Impôts concernés et le Bénéfice GloBE déterminé au titre de l'Année fiscale, ainsi qu'au titre de toutes les années fiscales concernées dans l'intervalle, doit (doivent) donner lieu aux ajustements nécessaires le cas échéant. Une Entité constitutive déclarante peut exercer une Option annuelle qui consiste à traiter une diminution non significative des Impôts concernés comme un ajustement des Impôts concernés au titre de l'Année fiscale au cours de laquelle la rectification est effectuée. Une diminution non significative des Impôts concernés est une diminution du Montant ajusté des Impôts concernés déterminé, pour la juridiction, au titre d'une Année fiscale qui est inférieure à 1 million EUR.

4.6.2. Si une réduction du taux d'imposition applicable en droit interne aboutit à l'application d'un taux inférieur au Taux Minimum, les Impôts concernés dus par une Entité Constitutive au titre d'une

Année fiscale antérieure, et pris en compte en vertu de l'Article 4.1, doivent être ajustés du montant de la charge d'impôt différé qui résulte de la réduction de ce taux d'imposition.

4.6.3. Le montant de la charge d'impôt différé qui provient d'une augmentation du taux d'imposition applicable en droit interne doit être considéré comme un ajustement, conformément à l'article 4.6.1, des Impôts concernés d'une Entité constitutive pris en compte en vertu de l'Article 4.1 au titre d'une Année fiscale antérieure, une fois que ce montant est acquitté, et lorsqu'il a été initialement enregistré à un taux inférieur au Taux minimum. Cet ajustement est limité à un montant égal à la majoration de la charge d'impôt différé retenue dans la limite de ladite charge d'impôts différés recalculée au Taux minimum.

4.6.4. Si, sur le montant dû par une Entité constitutive en tant que charge d'impôt exigible et pris en compte dans le Montant ajusté des Impôts concernés au titre d'une Année fiscale, une somme de plus d'1 million EUR n'est pas acquittée dans les trois ans à compter du dernier jour de ladite année, le Taux effectif d'imposition et l'Impôt complémentaire au titre de l'Année fiscale pendant laquelle le montant non acquitté a été déclaré comme un Impôt concerné doivent être recalculés conformément à l'article 5.4.1, en excluant du Montant ajusté des Impôts concernés le montant qui n'a pas été acquitté.

5 Calcul du Taux effectif d'imposition et de l'Impôt complémentaire

Fonctionnement des règles dans ce chapitre

En vertu du présent chapitre, l'Impôt complémentaire est déterminé pour chaque Entité constitutive faiblement imposée :

- en agrégeant, d'une part, le Résultat GloBE de toutes les Entités constitutives situées dans la même juridiction, tel qu'il est déterminé en vertu du chapitre 3, et, d'autre part, le Montant ajusté des Impôts concernés de toutes les Entités constitutives situées dans la même juridiction, tel qu'il est déterminé en vertu du chapitre 4, afin de déterminer le Taux effectif d'imposition dans la juridiction ;
- en identifiant les Juridictions à faible imposition (à savoir les juridictions où le Taux effectif d'imposition est inférieur au Taux minimum) ;
- en calculant le Taux de l'impôt complémentaire applicable pour chaque Juridiction à faible imposition ;
- en appliquant au Bénéfice GloBE net réalisé dans la Juridiction à faible imposition l'Exclusion de bénéfices fondée sur la substance afin de déterminer le Bénéfice excédentaire réalisé dans cette juridiction ;
- en multipliant le Taux de l'impôt complémentaire par le Bénéfice excédentaire et en déduisant de ce résultat, le cas échéant, le montant de l'Impôt complémentaire minimum qualifié prélevé localement afin de déterminer l'Impôt complémentaire pour chaque Juridiction à faible imposition ; et
- en allouant l'Impôt complémentaire aux Entités constitutives situées dans la Juridiction à faible imposition proportionnellement à leur Bénéfice GloBE.

L'Impôt complémentaire pour chaque Entité constitutive faiblement imposée ainsi établi est ensuite mis à la charge d'une Entité mère ou d'Entités constitutives situées dans une Juridiction avec RPII en vertu du chapitre 2.

Ce chapitre prévoit également une Exclusion de minimis pour les Entités constitutives situées dans la même juridiction lorsque leur chiffre d'affaires et leur bénéfice agrégés n'excèdent pas certains seuils.

Des règles spéciales sont prévues à l'Article 5.6 pour le calcul du TEI dans le cas d'Entités constitutives à détention minoritaire.

Article 5.1. Détermination du Taux effectif d'imposition

5.1.1. Le Taux effectif d'imposition du Groupe d'EMN dans une juridiction où un Bénéfice GloBE net est réalisé est calculé au titre de chaque Année fiscale. Le Taux effectif d'imposition du Groupe d'EMN dans une juridiction est égal à la somme du Montant ajusté des Impôts concernés de chacune de ses Entités constitutives situées dans la juridiction, divisée par le Bénéfice GloBE net réalisé dans la juridiction au titre de l'Année fiscale. Aux fins du chapitre 5, chaque Entité constitutive apatride doit être considérée comme une Entité constitutive séparée, située dans une juridiction unique et distincte.

5.1.2. Le bénéfice GloBE net réalisé dans une juridiction au titre d'une Année fiscale est le montant positif, le cas échéant, calculé selon la formule suivante :

$$\begin{aligned}&\textit{Bénéfice GloBE net}\\&\qquad = \textit{Bénéfice GloBE de toutes les Entités constitutives}\\&\qquad - \textit{Pertes GloBE de toutes les Entités constitutives}\end{aligned}$$

où :

(a) le Bénéfice GloBE de toutes les Entités constitutives correspond à la somme des Bénéfices GloBE de toutes les Entités constitutives situées dans la juridiction, déterminés conformément au chapitre 3, au titre de l'Année fiscale ; et

(b) les Déficits GloBE de toutes les Entités constitutives correspondent à la somme des Pertes GloBE de toutes les Entités constitutives situées dans la juridiction, déterminées conformément au chapitre 3, au titre de l'Année fiscale.

5.1.3. Le Montant ajusté des Impôts concernés et le Résultat GloBE des Entités constitutives qui sont des Entités d'investissement sont exclus de la détermination du Taux effectif d'imposition calculé à l'article 5.1.1 et de la détermination du Bénéfice GloBE net calculé à l'article 5.1.2.

Article 5.2. Impôt complémentaire

5.2.1. Le Taux de l'impôt complémentaire pour une juridiction au titre d'une Année fiscale est la différence positive éventuelle, en points de pourcentage, calculée selon la formule suivante :

$$\textit{Taux de l'impôt complémentaire} = \textit{Taux minimum} - \textit{Taux effectif d'imposition}$$

où le Taux effectif d'imposition est le Taux effectif d'imposition déterminé conformément à l'Article 5.1 pour la juridiction au titre de l'Année fiscale.

5.2.2. Le Bénéfice excédentaire dans la juridiction au titre de l'Année fiscale est le montant positif, le cas échéant, calculé selon la formule suivante :

$$\textit{Bénéfice excédentaire} = \textit{Bénéfice GloBE net} - \textit{Exclusion de bénéfices liée à la substance}$$

où :

(a) le Bénéfice GloBE net est le Bénéfice GloBE net déterminé en vertu de l'article 5.1.2 pour la juridiction au titre de l'Année fiscale ; et

(b) l'Exclusion de bénéfices fondée sur la substance correspond à l'Exclusion de bénéfices fondée sur la substance déterminée en vertu de l'Article 5.3 pour la juridiction au titre de l'Année fiscale (le cas échéant).

5.2.3. L'Impôt complémentaire pour une juridiction au titre d'une Année fiscale est égal au montant positif, le cas échéant, calculé pour la juridiction selon la formule suivante :

$$\textit{Impôt complémentaire pour la juridiction}$$

$$= (Taux\ de\ l'impôt\ complémentaire\ x\ Bénéfice\ excédentaire) + Impôt\ complémentaire\ additionnel\ courant - Impôt\ complémentaire\ domestique$$

où :

(a) le Taux de l'impôt complémentaire correspond à la différence, en points de pourcentage, déterminée conformément à l'article 5.2.1 pour la juridiction au titre de l'Année fiscale ;

(b) le Bénéfice excédentaire est le Bénéfice excédentaire déterminé conformément à l'article 5.2.2 pour la juridiction au titre de l'Année fiscale ;

(c) l'Impôt complémentaire additionnel courant est le montant déterminé, ou considéré comme Impôt complémentaire additionnel courant, conformément à l'article 4.1.5 ou à l'article 5.4.1 pour la juridiction au titre de l'Année fiscale ; et

(d) l'Impôt complémentaire domestique est le montant dû au titre d'un Impôt minimum qualifié prélevé localement par la juridiction au titre de l'Année fiscale.

5.2.4. Sauf disposition contraire prévue à l'article 5.4.3, l'Impôt complémentaire pour une Entité constitutive doit être déterminé selon la formule suivante, pour chaque Entité constitutive de la juridiction qui réalise un Bénéfice GloBE, tel que déterminé conformément au chapitre 3, au titre de l'Année fiscale, et qui est pris en compte dans le calcul du Bénéfice GloBE net réalisé dans la juridiction où elle est située:

$$Impôt\ complémentaire\ pour\ une\ EC = Impôt\ complémentaire\ pour\ la\ juridiction \times \frac{Bénéfice\ GloBE\ de\ l'EC}{Bénéfice\ GloBE\ total\ des\ EC}$$

où :

(a) l'Impôt complémentaire pour la juridiction est l'Impôt complémentaire déterminé conformément à l'article 5.2.3 pour la juridiction au titre de l'Année fiscale ;

(b) le Bénéfice GloBE de l'EC est le Bénéfice GloBE réalisé par l'Entité constitutive déterminé conformément à l'Article 3.2 pour la juridiction au titre de l'Année fiscale ;

(c) le Bénéfice GloBE total des EC correspond à la somme des Bénéfices GloBE réalisés par toutes les Entités constitutives avec un Bénéfice GloBE au titre de l'Année fiscale pris en compte au titre de l'Année fiscale dans le Bénéfice GloBE net pour la juridiction calculé conformément à l'article 5.1.2 .

5.2.5. Si l'Impôt complémentaire pour la juridiction résulte du calcul rectificatif prévu à l'article 5.4.1 et si aucun Bénéfice GloBE net n'est constaté pour la juridiction au titre de l'Année fiscale en cours, l'Impôt complémentaire doit être alloué en appliquant la formule prévue à l'article 5.2.4 aux Bénéfices GloBE des Entités constitutives réalisés au cours des Années fiscales pour lesquelles les calculs rectificatifs prévus à l'article 5.4.1 ont été effectués.

Article 5.3. Exclusion de bénéfices fondée sur la substance

5.3.1. Afin de déterminer le Bénéfice excédentaire qui entre dans le calcul de l'Impôt complémentaire conformément à l'Article 5.2, le Bénéfice GloBE net dans la juridiction doit être minoré du montant de l'Exclusion de bénéfices fondée sur la substance pour la juridiction. Une Entité constitutive déclarante d'un Groupe d'EMN peut exercer une Option annuelle de ne pas appliquer l'Exclusion de bénéfices fondée sur la substance pour une juridiction, soit en ne calculant pas l'exclusion, soit en ne la déduisant pas pour le calcul de l'Impôt complémentaire pour la juridiction tel qu'il figure dans la (ou les) Déclaration(s) d'informations GloBE déposée(s) au titre de l'Année fiscale.

5.3.2. Le montant de l'Exclusion de bénéfices fondée sur la substance pour une juridiction est la somme des exclusions fondées sur les frais de personnel et sur les actifs corporels pour chacune des Entités constitutives situées dans cette juridiction, à l'exception des Entités d'investissement.

5.3.3. L'exclusion fondée sur les frais de personnel pour une Entité constitutive située dans une juridiction est égale à 5 % des Frais de personnel éligibles encourus à raison des Employés éligibles exerçant des activités pour le Groupe d'EMN dans cette juridiction, à l'exception des Frais de personnel éligibles suivants :

(a) Frais capitalisés et intégrés dans la valeur comptable des Actifs corporels éligibles ;

(b) Frais attribuables au Résultat provenant de l'exploitation de navires en trafic international d'une entité constitutive ou au Résultat provenant d'activités qualifiées, accessoires à l'exploitation de navires en trafic international, qui sont exclus du calcul du Résultat GloBE au titre de l'Année fiscale conformément à l'article 3.3.5.

5.3.4. L'exclusion fondée sur les actifs corporels pour une Entité constitutive située dans une juridiction est égale à 5 % de la valeur nette comptable des Actifs corporels éligibles situés dans cette juridiction. Les Actifs corporels éligibles désignent :

(a) les biens, usines et équipements situés dans cette juridiction ;

(b) les ressources naturelles situées dans cette juridiction ;

(c) le droit, pour un locataire, d'utiliser des actifs corporels situés dans cette juridiction ; et

(d) une licence ou un dispositif de même nature concédés par l'État en contrepartie de l'utilisation de biens immobiliers ou de l'exploitation de ressources naturelles entraînant des investissements importants dans des actifs corporels.

À cette fin, le calcul de l'exclusion fondée sur les actifs corporels ne doit pas prendre en compte la valeur comptable des biens (notamment les terrains ou bâtiments) détenus en vue d'être vendus, loués ou détenus en tant qu'investissement. En outre, le calcul de l'exclusion fondée sur les actifs corporels ne doit pas tenir compte de la valeur comptable des actifs corporels utilisés pour générer le Résultat provenant de l'exploitation de navires en trafic international et le Résultat provenant d'activités qualifiées accessoires à l'exploitation de navires en trafic international (navires et autres équipement et infrastructures maritimes, notamment), d'une Entité constitutive. Toutefois, le calcul de l'exclusion fondée sur les actifs corporels doit prendre en compte la valeur comptable des actifs corporels utilisés pour obtenir le bénéfice d'une Entité constitutive qui excède le plafond fixé à l'article 3.3.4 pour le Résultat provenant d'activités qualifiées, accessoires à l'exploitation de navires en trafic international.

5.3.5. Le calcul de la valeur nette comptable des Actifs corporels éligibles aux fins de l'article 5.3.4 doit être déterminé selon la moyenne des valeurs nettes comptables (nettes des amortissements cumulés, provisions et autres dotations et compte tenu de tout montant attribuable à la capitalisation des frais de personnel) au début et à la fin de l'Année fiscale qui fait l'objet de la déclaration telles qu'enregistrées aux fins de l'établissement des États financiers consolidés de l'Entité mère ultime.

5.3.6. Aux fins des articles 5.3.3 et 5.3.4, les Frais de personnel éligibles et les Actifs corporels éligibles d'une Entité constitutive qui est un Établissement stable sont ceux pris en compte dans ses comptes sociaux séparés, tels que déterminés en vertu de l'article 3.4.1 et ajustés conformément à l'article 3.4.2, sous réserve que les Employés éligibles et les Actifs corporels éligibles se situent dans la juridiction où l'Établissement stable est situé. Les Frais de personnel éligibles et les Actifs corporels éligibles d'un Établissement stable ne sont pas pris en compte dans les Frais de personnel éligibles et les Actifs corporels éligibles de l'Entité principale. Les Frais de personnel éligibles et les Actifs corporels éligibles d'un Établissement stable dont le bénéfice a été totalement ou partiellement exclu conformément aux articles 3.5.3 et 7.1.4 sont exclus dans les mêmes proportions du calcul de l'Exclusion de bénéfices fondée sur la substance du Groupe d'EMN.

5.3.7. Aux fins des articles 5.3.3 et 5.3.4, les Frais de personnel éligibles et les Actifs corporels éligibles d'une Entité transparente localement qui ne sont pas attribués conformément à l'article 5.3.6 sont attribués comme suit :

(a) si le Résultat net comptable de l'Entité transparente localement a été attribué à l'Entité détentrice de titres d'une entité constitutive en vertu de l'article 3.5.1(b), alors les Frais de personnel éligibles et les Actifs corporels éligibles sont attribués dans les mêmes proportions à l'Entité détentrice de titres de l'Entité constitutive, sous réserve que cette entité soit située dans la juridiction où les Employés éligibles et les Actifs corporels éligibles se situent ;

(b) si l'Entité transparente localement est l'Entité mère ultime, alors les Frais de personnel éligibles et les Actifs corporels éligibles situés dans la juridiction où l'Entité mère ultime est située lui sont attribués, après avoir été minorés à proportion du bénéfice exclu en vertu de l'article 7.1.1 ; et

(c) tous les autres Frais de personnel éligibles et Actifs corporels éligibles de l'Entité transparente localement sont exclus du calcul de l'Exclusion de bénéfices fondée sur la substance du Groupe d'EMN.

Article 5.4. Impôt complémentaire additionnel courant

5.4.1 S'il est obligatoire ou autorisé de recalculer le Taux effectif d'imposition et l'Impôt complémentaire au titre d'une Année fiscale antérieure aux termes d'un Article rectificatif du TEI,

(a) le Taux effectif d'imposition et l'Impôt complémentaire au titre de l'Année fiscale antérieure doivent être recalculés conformément aux règles énoncées aux articles Article 5.1 à Article 5.3 après avoir rectifié le Montant ajusté des Impôts concernés et du Résultat GloBE conformément à l'Article rectificatif du TEI concerné ; et

(b) tout Impôt complémentaire additionnel qui résulte de ce calcul doit être considéré comme un Impôt complémentaire additionnel courant au sens de l'article 5.2.3 dû au titre de l'Année fiscale en cours.

5.4.2 Si un Impôt complémentaire additionnel courant résulte d'un nouveau calcul effectué conformément à l'article 5.4.1 et si la juridiction n'a pas réalisé de Bénéfice GloBE net au titre de l'Année fiscale en cours, le Bénéfice GloBE de chaque Entité constitutive située dans la juridiction aux fins de l'article 2.2.2 est déterminé en divisant l'Impôt complémentaire attribué à cette entité conformément aux articles 5.2.4 et 5.2.5 par le Taux minimum.

5.4.3 Si un Impôt complémentaire additionnel courant résulte de l'application de l'article 4.1.5, le Bénéfice GloBE de chaque Entité constitutive située dans la juridiction aux fins de l'article 2.2.2 est déterminé en divisant l'Impôt complémentaire attribué à cette entité en vertu de cet article par le Taux minimum. Le montant de l'Impôt complémentaire additionnel courant attribué à chaque Entité constitutive aux fins de cet article doit être attribué uniquement aux Entités constitutives enregistrant un Montant ajusté d'Impôts concernés négatif et inférieur au Résultat GloBE de cette Entité constitutive multiplié par le Taux minimum. L'attribution doit s'effectuer au prorata du montant suivant pour chacune de ces Entités constitutives :

$$(\textit{Résultat GloBE x Taux minimum}) - \text{Montant ajusté des } \textit{Impôts concernés}$$

5.4.4 Si une Entité constitutive se voit attribuer un Impôt complémentaire additionnel courant conformément à cet article et à l'article 5.2.4, elle doit être considérée comme une Entité constitutive faiblement imposée aux fins du chapitre 2.

Article 5.5. Exclusion de minimis

5.5.1. Sur option de l'Entité constitutive déclarante, et indépendamment des obligations prévues par ailleurs au chapitre 5, l'Impôt complémentaire pour les Entités constitutives situées dans une juridiction est réputé être nul au titre d'une Année fiscale si, au titre de cette Année fiscale :

(a) le Chiffre d'affaires GloBE moyen réalisé dans cette juridiction est inférieur à 10 millions EUR ; et

(b) le Résultat GloBE moyen réalisé dans cette juridiction est une perte ou un bénéfice inférieur à 1 million EUR.

L'option réalisée en vertu de cet article est une Option annuelle.

5.5.2. Aux fins de l'article 5.5.1, le Chiffre d'affaires GloBE moyen (ou le Résultat GloBE) réalisé dans une juridiction correspond à la moyenne du Chiffre d'affaires GloBE (ou du Résultat GloBE) réalisé dans la juridiction au titre de l'Année fiscale en cours et des deux Années fiscales précédentes. En l'absence d'Entités constitutives réalisant un Chiffre d'affaires GloBE ou des Pertes GloBE situées dans la juridiction pendant la première ou la seconde Année fiscale précédente, la(es)dite(s) année(s) doi(ven)t être exclue(s) du calcul du Chiffre d'affaires GloBE moyen et du Résultat GloBE moyen réalisé dans la juridiction concernée.

5.5.3. Aux fins de l'article 5.5.2 :

(a) le Chiffre d'affaires GloBE réalisé dans une juridiction au titre d'une Année fiscale correspond à la somme des chiffres d'affaires de toutes les Entités constitutives situées dans la juridiction au cours de cette Année fiscale, après ajustements conformément au chapitre 3 ; et

(b) le Résultat GloBE dans une juridiction au titre d'une Année fiscale correspond au Bénéfice GloBE net, ou, le cas échéant, à la Perte GloBE nette, réalisé dans cette juridiction.

5.5.4. Un choix effectué conformément à l'Article 5.5 ne s'applique pas à une Entité constitutive qui est une Entité constitutive apatride ou une Entité d'investissement. Le Chiffre d'affaires et le Résultat GloBE d'une Entité constitutive apatride ou d'une Entité d'investissement doivent être exclus des calculs effectués en vertu de l'article 5.5.3.

Article 5.6. Entités constitutives à détention minoritaire

5.6.1. Le calcul du Taux effectif d'imposition et de l'Impôt complémentaire pour une juridiction conformément aux chapitres 3 à 7 et l'Article 8.2 pour les membres d'un Sous-groupe à détention minoritaire s'appliquent comme si ces derniers formaient un Groupe d'EMN distinct. Le Montant ajusté des Impôts concernés et le Résultat GloBE des membres d'un Sous-groupe à détention minoritaire sont exclus de la détermination du taux effectif d'imposition du reste du Groupe d'EMN déterminé aux termes de l'article 5.1.1 et du Bénéfice GloBE déterminé aux termes de l'article 5.1.2.

5.6.2. Le Taux effectif d'imposition et l'Impôt complémentaire applicables à une Entité constitutive à détention minoritaire qui n'est pas membre d'un Sous-groupe à détention minoritaire sont calculés séparément pour l'entité et conformément aux chapitres 3 à 7 et à l'Article 8.2. Le Montant ajusté des Impôts concernés et le Résultat GloBE de l'Entité constitutive à détention minoritaire sont exclus de la détermination du Taux effectif d'imposition du reste du Groupe d'EMN déterminé aux termes de l'article 5.1.1 et du Bénéfice GloBE net déterminé aux termes de de l'article 5.1.2. Cette disposition ne s'applique pas si l'Entité constitutive à détention minoritaire est une Entité d'investissement.

6 Restructurations d'entreprises et holdings

Fonctionnement des règles dans ce chapitre

Le chapitre 6 énonce les règles relatives aux acquisitions, cessions et coentreprises.

- L'Article 6.1 complète l'Article 1.1 en prévoyant des règles supplémentaires pour l'application du seuil de chiffre d'affaires consolidé dans le cas des opérations de fusion et de scission intervenues au cours des quatre années précédentes.
- L'Article 6.2 prévoit des règles spéciales pour l'application des règles GloBE lorsqu'une Entité constitutive intègre un Groupe d'EMN ou en sort au cours de l'Année fiscale.
- L'Article 6.3 prévoit des règles spéciales pour le traitement des transferts d'actifs et de passifs, y compris dans le cadre d'une réorganisation.
- L'Article 6.4 fait entrer certaines Coentreprises dans le champ d'application des règles GloBE.
- L'Article 6.5 prévoit des règles spéciales pour les Groupes d'EMN à entités mères multiples.

Article 6.1. Application du seuil de chiffre d'affaires consolidé aux fusions et scissions de groupes

6.1.1. Aux fins de l'Article 1.1

(a) Si deux ou plusieurs Groupes fusionnent pour former un Groupe unique au cours de l'une des quatre Années fiscales précédant l'Année fiscale testée, le seuil de chiffre d'affaires consolidé du Groupe d'EMN, au titre de toute Année fiscale précédant la fusion, est présumé être atteint pour une année, si, pour cette année, la somme des chiffres d'affaires figurant dans chacun de leurs États financiers consolidés est égale ou supérieure à 750 millions EUR.

(b) Si une Entité qui n'est pas membre d'un Groupe (cible) fusionne avec une Entité ou un Groupe (acquéreur) au cours de l'Année fiscale testée et que la cible ou l'acquéreur ne dispose pas d'États financiers consolidés au titre de l'une des quatre Années fiscales précédant l'Année fiscale testée, parce qu'il ou elle n'était pas membre d'un Groupe au cours de cette année, le seuil de chiffre d'affaires consolidé du Groupe d'EMN est présumé être atteint, pour cette année, si la somme des chiffres d'affaires figurant dans chacun de leurs comptes sociaux ou États financiers consolidés, au titre de cette année, est égale ou supérieure à 750 millions EUR.

(c) Si un unique Groupe d'EMN dans le champ d'application des Règles GloBE se scinde en deux ou plusieurs Groupes (chacun constituant alors un Groupe résultant de la scission), le seuil de chiffre d'affaires consolidé est présumé être atteint, par un Groupe résultant de la scission :

i. s'agissant de la première Année fiscale testée qui s'achève après la scission, si le Groupe résultant de la scission a réalisé un chiffre d'affaires annuel de 750 millions EUR ou plus au cours de cette année ;

ii. s'agissant des deuxième à quatrième Années fiscales testées se terminant après la scission, si le Groupe résultant de la scission a réalisé un chiffre d'affaires annuel de 750 millions EUR ou plus au cours d'au moins deux des Années fiscales qui suivent l'année de la scission.

6.1.2. Aux fins de l'article 6.1.1, on entend par « fusion » tout dispositif par lequel :

(a) la totalité ou la quasi-totalité des Entités de deux ou plusieurs Groupes distincts sont placées sous contrôle commun de sorte qu'elles constituent des Entités d'un Groupe combiné ; ou

(b) une Entité qui n'est pas membre d'un Groupe est placée sous contrôle commun avec une autre Entité ou un autre Groupe de sorte qu'elles constituent des Entités d'un Groupe combiné.

6.1.3. Aux fins de l'article 6.1.1, on entend par « scission » tout dispositif par lequel les Entités d'un Groupe unique sont séparées en deux ou plusieurs Groupes qui n'entrent plus dans le périmètre de consolidation de la même Entité mère ultime.

Article 6.2. Entrées et sorties d'Entités constitutives au sein d'un Groupe d'EMN

6.2.1. A l'exception des cas prévus à l'article 6.2.2, les dispositions suivantes s'appliquent lorsqu'une Entité (la cible) devient ou cesse d'être une Entité constitutive d'un Groupe d'EMN à la suite du transfert de Titres de participation qu'elle détient directement ou indirectement dans cette Entité au cours de l'Année fiscale (l'année d'acquisition) :

(a) dans le cas où la cible intègre un Groupe ou en sort, ou dans le cas où la cible devient l'Entité mère ultime d'un nouveau Groupe, la cible est considérée comme un membre du Groupe aux fins des règles GloBE si une partie de ses actifs, passifs, recettes, dépenses ou flux de trésorerie est intégrée, ligne par ligne, dans les États financiers consolidés de l'Entité mère ultime au cours de l'année d'acquisition ;

(b) au cours de l'année d'acquisition, un Groupe d'EMN ne prend en considération que le Résultat net comptable et le Montant ajusté des Impôts concernés de la cible qui sont inscrits dans les États financiers consolidés de l'Entité mère ultime aux fins de l'application des Règles GloBE ;

(c) au cours de l'année d'acquisition et de chaque année suivante, la cible détermine son Résultat GloBE et le Montant ajusté de ses Impôts concernés sur la base de la valeur comptable historique de ses actifs et passifs ;

(d) le calcul des Frais de personnel éligibles de la cible au titre de l'article 5.3.3 ne tient compte que des coûts figurant dans les États financiers consolidés de l'Entité mère ultime ;

(e) le calcul de la valeur comptable des Actifs corporels éligibles de la cible aux fins de l'article 5.3.4 est ajusté au prorata pour correspondre à la durée de l'Année fiscale concernée au cours de laquelle la cible était membre du Groupe d'EMN ;

(f) à l'exception de l'Impôt différé actif au titre d'une perte GloBE, les actifs et passifs d'impôts différés d'une Entité constitutive transférés d'un Groupe d'EMN à un autre sont pris en considération par le Groupe d'EMN acquéreur, au titre des règles GloBE, de la même façon et dans la même mesure que si le Groupe d'EMN acquéreur contrôlait l'Entité constitutive lors de la création de ces actifs et passifs ;

(g) les passifs d'impôts différés d'une cible précédemment intégrés au Montant total de l'ajustement pour impôt différé sont considérés comme effacés aux fins de l'application de l'article 4.4.4 par le Groupe d'EMN cédant et considérés comme nés lors de l'année d'acquisition aux fins de l'application de l'article 4.4.4 par le Groupe d'EMN acquéreur, mais, dans ces cas, toute Réduction ultérieure des impôts concernés au titre de l'article 4.4.4, prend effet durant l'année de la reprise du montant ; et

(h) si la cible est une Entité mère qui fait partie de deux ou plusieurs Groupes d'EMN au cours de l'année d'acquisition, elle applique séparément les dispositions de la RDIR à ses Parts imputables de l'impôt complémentaire pour les Entités constitutives faiblement imposées déterminées pour chaque Groupe d'EMN.

6.2.2. Aux fins d'application des règles GloBE, l'acquisition ou la cession d'un Titre conférant le contrôle à l'égard d'une Entité constitutive est considérée comme une acquisition ou une cession des actifs et passifs, si la juridiction dans laquelle est située l'Entité constitutive cible ou, dans le cas d'une Entité fiscalement transparente, la juridiction dans laquelle sont situés les actifs, considère l'acquisition ou la cession de ce Titre conférant le contrôle d'une manière identique ou semblable à une acquisition ou cession des actifs et passifs, et assujettit l'acquéreur à un Impôt couvert fondé sur la différence entre la base d'imposition et la contrepartie versée en échange du Titre conférant le contrôle ou la juste valeur des actifs et passifs.

Article 6.3. Transfert d'actifs et de passifs

6.3.1. Dans le cas d'une cession ou d'une acquisition d'actifs et de passifs, l'Entité constitutive cédante intègre la plus-value ou la moins-value réalisée au moment de la cession dans le calcul de son Résultat GloBE et l'Entité constitutive acquéresse calcule son Résultat GloBE sur la base de la valeur nette comptable des actifs et passifs acquis pour l'Entité constitutive acquéresse déterminée selon la norme comptable utilisée pour la préparation des États financiers consolidés de l'Entité mère ultime.

6.3.2. Si la cession ou l'acquisition des actifs et passifs a lieu dans le cadre d'une Réorganisation GloBE, l'article 6.3.1 ne s'applique pas et :

(a) l'Entité constitutive cédante exclut toute plus-value ou moins-value réalisée au moment de la cession du calcul de son Résultat GloBE ; et

(b) l'Entité constitutive acquéresse détermine son Résultat GloBE après l'acquisition sur la base des valeurs nettes comptables pour l'Entité constitutive cédante, au moment de la cession, des actifs et passifs acquis auprès de cette dernière.

6.3.3. Si la cession ou l'acquisition des actifs et passifs a lieu dans le cadre d'une Réorganisation GloBE dans laquelle l'Entité constitutive cédante comptabilise une Plus ou moins-value non qualifiée, les articles 6.3.1 et 6.3.2 ne s'appliquent pas et :

(a) l'Entité constitutive cédante intègre la plus-value ou la moins-value réalisée au moment de la cession dans le calcul de son Résultat GloBE à hauteur de la Plus ou moins-value non qualifiée ; et

(b) l'Entité constitutive acquéresse détermine son Résultat GloBE après l'acquisition sur la base de la valeur nette comptable des actifs et passifs pour l'Entité cédante, au moment de la cession, ajustée conformément aux règles fiscales locales pour tenir compte de la Plus ou moins-value non qualifiée.

6.3.4. Au choix de l'Entité constitutive déclarante, une Entité constitutive d'un Groupe d'EMN qui a l'obligation ou la possibilité d'ajuster la base de ses actifs et le montant de ses passifs à la juste valeur à des fins fiscales dans la juridiction où elle est située :

(a) intègre dans le calcul de son Résultat GloBE une plus-value ou une moins-value, pour chacun de ses actifs et passifs, égale à :

i. la différence entre la valeur comptable, aux fins de la comptabilité financière, de l'actif ou du passif immédiatement avant la date de l'événement ayant déclenché l'ajustement d'impôt (le fait générateur) et la juste valeur de l'actif ou du passif immédiatement après cette date ;

ii. minorée (ou majorée) de la Plus (ou moins)-value non qualifiée, le cas échéant, résultant du fait générateur ;

(b) utilise la juste valeur, aux fins de la comptabilité financière, de l'actif ou du passif immédiatement après le fait générateur pour déterminer le Résultat GloBE au titre de l'Année fiscale se terminant après le fait générateur ; et

(c) intègre le total net des montants déterminés au paragraphe 6.3.4(a) dans le Résultat GloBE de l'Entité constitutive selon l'une des modalités suivantes :

i. intégration du total net des montants précité au titre de l'Année fiscale au cours de laquelle s'est produit le fait générateur ; ou

ii. intégration, au titre de l'Année fiscale au cours de laquelle s'est produit le fait générateur et pour chacune des quatre Années fiscales suivantes, d'une somme égale au montant total net divisé par cinq, sauf si l'Entité constitutive quitte le groupe d'EMN au cours d'une Année fiscale de cette période, auquel cas le montant restant est entièrement intégré au titre de cette Année fiscale.

Article 6.4. Coentreprises

6.4.1. Les Règles GloBE s'appliquent aux Coentreprises et à leurs Filiales, au titre de chaque Année fiscale, selon les modalités suivantes :

(a) les chapitres 3 à 7 et l'Article 8.2 s'appliquent pour calculer l'éventuel Impôt complémentaire dû pour la Coentreprise et ses Filiales comme si ces dernières étaient des Entités constitutives d'un Groupe d'EMN distinct et la Coentreprise était l'Entité mère ultime de ce Groupe ;

(b) une Entité mère qui détient directement ou indirectement des Titres de participation dans la Coentreprise ou une Filiale de celle-ci applique la RDIR pour sa Part attribuable de l'impôt complémentaire d'un membre du Groupe de la coentreprise conformément aux articles Article 2.1 à Article 2.3 ; et

(c) l'Impôt complémentaire pour le Groupe de la coentreprise est diminué de la Part de l'impôt complémentaire attribuable à chaque Entité mère pour chaque membre du Groupe de la coentreprise imposable au titre d'une RDIR qualifiée en vertu du paragraphe (b), et tout montant restant est ajouté au Montant total de l'impôt complémentaire pour la RPII pour l'application de l'article 2.5.1.

Article 6.5. Groupes d'EMN à entités mères multiples

6.5.1. Les dispositions suivantes s'appliquent aux Groupes d'EMN à entités mères multiples :

(a) les Entités et les Entités constitutives de chaque Groupe sont considérées comme des membres d'un Groupe d'EMN unique aux fins de l'application des règles GloBE (le Groupe d'EMN à entités mères multiples) ;

(b) une Entité (autre qu'une Entité exclue) est considérée comme une Entité constitutive si ses résultats sont consolidés ligne par ligne dans les États financiers d'un Groupe d'EMN à entités mères multiples ou si les Titres conférant le contrôle de cette entité sont détenus par des Entités du Groupe d'EMN à entités mères multiples ;

(c) les États financiers consolidés du Groupe d'EMN à entités mères multiples correspondent aux États financiers consolidés indiqués dans la définition de la Structure indissociable ou de l'Accord de double cotation (selon les cas) préparés selon une Norme de comptabilité financière admissible, qui est présumée être la norme comptable de l'Entité mère ultime ;

(d) les Entités mères ultimes des Groupes distincts qui composent le Groupe d'EMN à entités mères multiples sont les Entités mères ultimes du Groupe d'EMN à entités mères multiples (lorsque les Règles GloBE sont appliquées à un Groupe d'EMN à entités mères multiples, les références à une Entité mère ultime s'appliquent, le cas échéant, comme s'il s'agissait de références à plusieurs Entités mères ultimes) ;

(e) conformément aux articles 2.1 à 2.3, les Entités mères du Groupe d'EMN à entités mères multiples (y compris chaque Entité mère ultime) situées au/en [nom de la juridiction qui met en œuvre] appliquent la RDIR à la Part de l'impôt complémentaire qui leur est attribuable pour l'Entité constitutive faiblement imposée ;

(f) conformément aux articles 2.4 à 2.6, toutes les Entités constitutives du Groupe d'EMN à entités mères multiples situées au/en [nom de la juridiction qui met en œuvre] appliquent la RPII en tenant compte de l'Impôt complémentaire pour chaque Entité constitutive faiblement imposée du Groupe d'EMN à entités mères multiples ; et

(g) conformément à l'Article 8.1, à moins qu'elles ne désignent une Entité déclarante désignée, les Entités mères ultimes sont tenues de soumettre la Déclaration d'information GloBE, dans laquelle doivent figurer les informations relatives à chacun des Groupes qui composent le Groupe d'EMN à entités mères multiples.

7 Régimes de neutralité fiscale et régimes de distribution

Fonctionnement des règles dans ce chapitre

Le chapitre 7 porte sur l'application des règles GloBE à certains régimes de neutralité fiscale et autres régimes de distributions.

- Les articles Article 7.1 et Article 7.2 prévoient des règles spéciales concernant les Entités mères ultimes soumises à un régime de neutralité fiscale (notamment un régime de transparence fiscale ou un régime des dividendes déductibles).
- L'Article 7.3 prévoit des règles spéciales concernant certains régimes fiscaux qui soumettent une Entité à l'impôt sur ses bénéfices lorsque ceux-ci sont distribués ou présumés être distribués.
- Les articles Article 7.4 à Article 7.6 prévoient des règles spéciales concernant les Entités d'investissement contrôlées afin de préserver leur neutralité fiscale sans entraîner de pertes de recettes fiscales au titre des règles GloBE.

Article 7.1. Entité mère ultime qui est une Entité transparente localement

7.1.1. Le Bénéfice GloBE, au titre d'une Année fiscale, d'une Entité transparente localement qui est l'Entité mère ultime d'un Groupe d'EMN, est diminué du montant du Bénéfice GloBE imputable à chaque Titre de participation si :

(a) le détenteur du Titre de participation est soumis à l'impôt sur ce bénéfice au titre d'une période d'imposition qui se termine au plus tard 12 mois après la fin de l'Année fiscale du Groupe d'EMN et :

(i) le détenteur du Titre de participation est soumis à l'impôt sur la totalité de ce bénéfice à un taux nominal égal ou supérieur au Taux minimum ; ou

(ii) on peut raisonnablement s'attendre à ce que la somme totale du Montant ajusté des Impôts concernés de l'Entité mère ultime et des impôts sur ce bénéfice auxquels le détenteur du Titre de participation est soumis soit supérieure ou égale au produit obtenu en multipliant la totalité du bénéfice concerné par le Taux minimum ; ou

(b) le détenteur est une personne physique qui :

(i) réside fiscalement dans la Juridiction de l'EMU ; et

(ii) détient des Titres de participation qui, ensemble, donnent droit à 5 % ou moins des bénéfices et actifs de l'Entité mère ultime ; ou

(c) le détenteur est une Entité publique, une Organisation internationale, une Organisation à but non lucratif ou un Fonds de pension qui :

(i) réside dans la Juridiction de l'EMU ; et

(ii) détient des Titres de participation qui, globalement, donnent droit à 5 % ou moins des bénéfices et actifs de l'Entité mère ultime.

7.1.2. Pour calculer sa Perte GloBE au titre d'une Année fiscale, une Entité transparente localement qui est l'Entité mère ultime d'un Groupe d'EMN minore sa Perte GloBE, au titre de cette Année fiscale, du montant de la Perte GloBE imputable à chaque Titre de participation, sauf si les détenteurs des Titres de participation ne sont pas autorisés à déduire cette perte pour le calcul de leur revenu imposable propre.

7.1.3. Une Entité transparente localement qui réduit son Bénéfice GloBE en vertu de l'article 7.1.1 réduit ses Impôts concernés en proportion.

7.1.4. Les articles 7.1.1 à 7.1.3 s'appliquent aux Établissements stables :

(a) par le biais desquels une Entité transparente localement qui est l'Entité mère ultime d'un Groupe d'EMN exerce tout ou partie de ses activités ; ou

(b) par le biais desquels sont exercées tout ou partie des activités d'une Entité fiscalement transparente si le Titre de participation détenu par l'Entité mère ultime dans cette Entité fiscalement transparente est détenu directement ou au travers d'une Structure fiscalement transparente.

Article 7.2. Entité mère ultime soumise au Régime des dividendes déductibles

7.2.1. Afin de calculer son Résultat GloBE au titre d'une Année fiscale, une Entité mère ultime soumise à un Régime des dividendes déductibles diminue (sans tomber au-dessous de zéro) son Bénéfice GloBE, au titre de l'Année fiscale concernée, du montant distribué sous forme d'un Dividende déductible dans les 12 mois suivant la fin de l'Année fiscale si :

(a) le dividende est imposé dans l'État de résidence de son bénéficiaire au titre de la période d'imposition se terminant dans les 12 mois suivant la fin de l'Année fiscale du Groupe d'EMN et :

(i) le bénéficiaire du dividende est imposé sur ce dividende à un taux nominal égal ou supérieur au Taux minimum ;

(ii) on peut raisonnablement s'attendre à ce que la somme globale du Montant ajusté des Impôts concernés de l'Entité mère ultime et des impôts sur le dividende acquittés par son bénéficiaire soit égale ou supérieure au produit résultant de la totalité de ce bénéfice multipliée par le Taux minimum ; ou

(iii) le bénéficiaire du dividende est une personne physique et le dividende correspond à une ristourne provenant d'une Coopérative d'approvisionnement ; ou

(b) le bénéficiaire du dividende est une personne physique qui :

(i) réside fiscalement dans la Juridiction de l'EMU ; et

(ii) détient des Titres de participation qui, ensemble, donnent droit à 5 % ou moins des bénéfices et actifs de l'Entité mère ultime.

(c) le bénéficiaire du dividende réside dans la Juridiction de l'EMU et est :

(i) une Entité publique ;

(ii) une Organisation internationale ;

(iii) une Organisation à but non lucratif ; ou

(iv) un Fonds de pension qui n'est pas une Entité de services de fonds de pension.

7.2.2. Une Entité mère ultime qui réduit son Bénéfice GloBE en vertu de l'article 7.2.1 réduit ses Impôts concernés (autres que les Impôts pour lesquels la déduction du dividende a été autorisée) en proportion et réduit son Bénéfice GloBE du même montant.

7.2.3. Si l'Entité mère ultime détient un Titre de participation dans une autre Entité constitutive soumise à un Régime des dividendes déductibles (directement ou au travers d'une chaîne d'Entités constitutives), les articles 7.2.1 et 7.2.2 s'appliquent à chaque autre Entité constitutive de la Juridiction de l'EMU soumise au Régime des dividendes déductibles pour autant que son Bénéfice GloBE soit ensuite distribué par l'Entité mère ultime à des bénéficiaires qui satisfont aux exigences de l'article 7.2.1.

7.2.4. Les ristournes provenant d'une Coopérative d'approvisionnement sont soumises à l'impôt dès lors qu'elles diminuent une dépense ou un coût déductible aux fins du calcul du revenu imposable du bénéficiaire.

Article 7.3. Régimes éligibles d'impôt sur les distributions

7.3.1. Une Entité constitutive déclarante peut réaliser une Option annuelle, pour une Entité constitutive soumise à un Régime éligible d'impôt sur les distributions, d'ajouter au Montant ajusté des Impôts concernés au titre de l'Année fiscale le montant de l'Impôt sur les distributions présumées déterminé aux termes de l'article 7.3.2. Une option réalisée aux termes de cet Article s'applique à toutes les Entités constitutives situées dans la juridiction.

7.3.2. L'Impôt sur les distributions présumées correspond au plus faible des montants suivants :

(a) le Montant ajusté des Impôts concernés nécessaire pour porter au Taux minimum le Taux effectif d'imposition calculé aux termes de l'article 5.2.1 pour la juridiction et l'Année fiscale concernées ; ou

(b) le montant de l'impôt qui aurait été exigible si les Entités constitutives situées dans la juridiction avaient distribué tout leur bénéfice soumis au Régime éligible d'impôt sur les distributions au cours de l'année concernée.

7.3.3. Un Compte annuel de régularisation de l'impôt sur les distributions présumées est établi au titre de chaque Année fiscale pour laquelle l'option visée à l'article 7.3.1 s'applique. Le Compte de régularisation de l'impôt sur les distributions présumées est augmenté du montant de l'Impôt sur les distributions présumées déterminé aux termes de l'article 7.3.2 pour la juridiction au titre de l'Année fiscale pour laquelle il a été établi. À la fin de chaque Année fiscale suivante, les soldes restant dus des Comptes de régularisation de l'impôt sur les distributions présumées établis pour les Années fiscales précédentes sont diminués, par ordre chronologique et à concurrence des éléments ci-dessous, mais sans tomber au-dessous de zéro :

(a) d'abord des impôts que les Entités constitutives ont acquittés, au cours de l'Année fiscale, au titre des distributions réelles ou présumées ;

(b) puis, le cas échéant, du montant de la Perte GloBE nette de la juridiction multipliée par le Taux minimum ;

(c) puis, le cas échéant, du montant correspondant au Report des pertes des comptes de régularisation, appliqué à l'Année fiscale en cours aux termes de l'article 7.3.4.

7.3.4. Un Compte de régularisation pour le report des pertes est établi pour la juridiction lorsque le montant visé à l'article 7.3.3(b) est supérieur au solde restant dû des Comptes de régularisation de l'impôt sur les distributions présumées. Le Compte de régularisation pour le report des pertes correspond au montant égal à ce surplus et, les Années fiscales suivantes, vient en déduction des Comptes de régularisation de l'impôt sur les distributions présumées. Lorsque ce montant est pris en compte au titre d'une Année fiscale ultérieure, il vient en déduction du Compte de régularisation pour le report des pertes.

7.3.5. Si un Compte de régularisation de l'impôt sur les distributions présumées (établi conformément à l'article 7.3.3) présente un solde positif le dernier jour de la quatrième Année fiscale suivant l'Année fiscale au titre de laquelle ce compte a été établi, le Taux effectif d'imposition et l'Impôt complémentaire, au titre de l'Année fiscale pour laquelle le compte a été établi, doivent être recalculés, conformément à l'article 5.4.1, en considérant le solde du Compte de régularisation de l'impôt sur les distributions présumées comme une diminution du Montant ajusté des Impôts concernés précédemment déterminé pour cette année.

7.3.6. Les impôts acquittés au cours de l'Année fiscale au titre des distributions réelles ou présumées ne sont pas inclus dans le Montant ajusté des Impôts concernés à hauteur de la diminution apportée à un Compte de régularisation de l'impôt sur les distributions présumées aux termes de l'article 7.3.3.

7.3.7. Au titre de l'Année fiscale durant laquelle une Entité constitutive sortante quitte le Groupe d'EMN ou transfère la quasi-totalité de ses actifs,

(a) pour chaque année précédente pour laquelle un Compte de régularisation de l'impôt sur les distributions présumées présente un solde positif, le Taux effectif d'imposition et l'Impôt complémentaire sont recalculés conformément aux principes de l'article 5.4.1, en considérant le solde du Compte de régularisation de l'impôt sur les distributions présumées comme une diminution du Montant ajusté des Impôts concernés précédemment déterminé pour cette année ; et

(b) tout montant d'Impôt complémentaire additionnel résultant de ce recalcul est multiplié par le Ratio de régularisation lors de la cession pour déterminer l'Impôt complémentaire additionnel courant aux fins de l'article 5.2.3.

7.3.8. Le Ratio de régularisation lors de la cession est déterminé pour chaque Entité constitutive sortante au moyen de la formule suivante :

$$\frac{\textit{Bénéfice GloBE de l'EC}}{\textit{Bénéfice net de la juridiction}}$$

Sachant que :

(a) Le Bénéfice GloBE de l'EC est égal à la somme des montants du Bénéfice GloBE de l'Entité constitutive sortante déterminé conformément au chapitre 3 au titre de chaque Année fiscale correspondant aux Comptes de régularisation de l'impôt sur les distributions présumées établis pour la juridiction ; et

(b) Le Bénéfice net de la juridiction est égal au Bénéfice GloBE net de la juridiction déterminé conformément à l'article 5.1.2 au titre de chaque Année fiscale correspondant aux Comptes de régularisation de l'impôt sur les distributions présumées établis pour la juridiction.

Article 7.4. Calcul du Taux effectif d'imposition pour les Entités d'investissement

7.4.1. Les règles de l'Article 7.4 s'appliquent aux Entités constitutives qui répondent à la définition d'une Entité d'investissement, à l'exception des Entités d'investissement qui sont des Entités fiscalement transparentes ou sont visées par une option aux termes de l'Article 7.5 ou de l'Article 7.6.

7.4.2. Le Taux effectif d'imposition, pour une Entité d'investissement qui est une Entité constitutive, est calculé séparément du Taux effectif d'imposition de la juridiction dans laquelle elle est située. Le Taux effectif d'imposition, pour une telle Entité d'investissement, est égal au quotient du Montant ajusté de ses Impôts concernés divisé par la Part attribuable au groupe d'EMN du résultat GloBE de l'entité d'investissement déterminée aux termes du chapitre 3. Si plus d'une Entité d'investissement sont situées dans une juridiction, le Montant ajusté des Impôts concernés et la Part attribuable au groupe d'EMN du Résultat GloBE de chaque Entité d'investissement, tels que déterminés pour chacune de ces Entités d'investissement, sont combinés pour calculer le Taux effectif d'imposition de toutes ces Entités d'investissement.

7.4.3. Le Montant ajusté des Impôts concernés d'une Entité d'investissement correspond à la somme du Montant ajusté des Impôts concernés, déterminé pour l'Entité d'investissement aux termes de l'Article 4.1, imputable à la Part attribuable au groupe d'EMN du résultat GloBE de l'entité d'investissement, et des Impôts concernés affectés à l'Entité d'investissement aux termes de l'Article 4.3. Le Montant ajusté des Impôts concernés de l'Entité d'investissement n'inclut pas les Impôts concernés dus par l'Entité d'investissement imputables à un bénéfice qui n'est pas inclus dans la Part attribuable au groupe d'EMN du Bénéfice GloBE de l'Entité d'investissement.

7.4.4. La Part attribuable au groupe d'EMN du Bénéfice GloBE de l'Entité d'investissement est égale à la Part attribuable du Résultat GloBE de l'Entité d'investissement qui serait attribuée à l'Entité mère ultime, conformément aux règles de l'article 2.2.2, en ne tenant compte que des titres qui ne font pas l'objet d'une option aux termes de l'Article 7.5 ou de l'Article 7.6.

7.4.5. L'Impôt complémentaire d'une Entité constitutive qui est une Entité d'investissement est égal au Taux de l'impôt complémentaire pour l'Entité d'investissement multiplié par l'excédent de la Part attribuable au groupe d'EMN du Bénéfice GloBE de l'Entité d'investissement sur l'Exclusion de bénéfices fondée sur la substance pour l'Entité d'investissement. Le Taux de l'impôt complémentaire pour une Entité d'investissement correspond, le cas échéant, à l'excédent, en points de pourcentage, du Taux minimum sur le Taux effectif d'imposition de l'Entité d'investissement. Si la juridiction compte plus d'une Entité d'investissement, la Part attribuable au groupe d'EMN du Bénéfice GloBE de l'Entité d'investissement et l'Exclusion de bénéfices fondée sur la substance, déterminées pour chaque Entité d'investissement, sont combinées pour calculer le Taux effectif d'imposition de toutes ces Entités d'investissement.

7.4.6. L'Exclusion de bénéfices fondée sur la substance, pour une Entité d'investissement, est déterminée conformément aux principes de l'Article 5.3, sans tenir compte de l'exception prévue à l'article 5.3.2, et en ne tenant compte que des Actifs corporels éligibles et des Frais de personnel éligibles des Employés éligibles des Entités d'investissement, diminués au prorata du ratio entre la Part attribuable au groupe d'EMN du Bénéfice GloBE de l'Entité d'investissement et le Bénéfice GloBE total de l'Entité d'investissement.

Article 7.5. Option de la transparence fiscale pour une Entité d'investissement

7.5.1. Une Entité constitutive déclarante peut choisir de considérer une Entité constitutive qui est une Entité d'investissement ou une Entité d'investissement d'assurance comme une Entité fiscalement transparente si l'Entité détentrice de titres de l'Entité constitutive est assujettie, là où elle est située, à un régime d'imposition qui repose sur la valeur de marché ou à un régime similaire fondé sur les variations annuelles de la juste valeur de son Titre de participation dans l'Entité et si le taux d'imposition applicable à l'Entité détentrice de titres de l'Entité constitutive à l'égard de ce revenu est supérieur ou égal au Taux minimum. À cette fin, une Entité constitutive qui détient un Titre de participation dans une Entité d'investissement ou une Entité d'investissement d'assurance indirectement, à travers un Titre de participation détenu directement dans une autre Entité d'investissement ou Entité d'investissement d'assurance, est considérée comme étant assujettie à un régime d'imposition qui repose sur la valeur de marché ou à un régime similaire en ce qui concerne le Titre de participation détenu indirectement dans la première Entité mentionnée si elle est soumise à un régime d'imposition qui repose sur la valeur du marché ou à un régime similaire en ce qui concerne le Titre de participation dans la seconde Entité mentionnée.

7.5.2. Cette option est valable cinq ans. Si l'option est révoquée, la plus-value ou la moins-value résultant de la cession d'un actif ou d'un passif détenu par l'Entité d'investissement est déterminée sur la base de la juste valeur des actifs ou des passifs au premier jour de l'année de révocation.

Article 7.6. Option de la Méthode de distribution imposable

7.6.1. Sur option de l'Entité constitutive déclarante, une Entité détentrice de titres d'une entité constitutive qui n'est pas une Entité d'investissement peut appliquer la Méthode de distribution imposable à l'égard du Titre de participation qu'elle détient dans une Entité constitutive qui est une Entité d'investissement si l'on peut raisonnablement s'attendre à ce que les bénéfices distribués par l'Entité d'investissement à l'Entité détentrice de titres de l'Entité constitutive soient soumis à l'impôt à un taux supérieur ou égal au Taux minimum.

7.6.2. Dans le cadre de la Méthode de distribution imposable :

(a) les distributions et les distributions présumées du Bénéfice GloBE de l'Entité d'investissement sont incluses dans le Bénéfice GloBE de l'Entité détentrice de titres de l'Entité constitutive (qui ne peut pas être une Entité d'investissement) ayant reçu la distribution ;

(b) le Montant additionnel d'impôt local qui peut être imputé est inclus dans le Bénéfice GloBE et dans le Montant ajusté des Impôts concernés de l'Entité détentrice de titres de l'Entité constitutive (qui ne peut pas être une Entité d'investissement) ayant reçu la distribution ;

(c) la part du Bénéfice GloBE net non distribué de l'Entité d'investissement qui revient à l'Entité détentrice de titres de l'Entité constitutive pour l'Année testée est considérée comme Bénéfice GloBE de l'Entité d'investissement au titre de l'Année fiscale qui fait l'objet de la déclaration, et le produit de ce Bénéfice GloBE et du Taux minimum est considéré comme un Impôt complémentaire à raison d'une Entité constitutive faiblement imposée au cours de l'Année fiscale aux fins du chapitre 2 ; et

(d) le Résultat GloBE de l'Entité d'investissement au titre de l'Année fiscale, de même que tout Montant ajusté d'Impôts concernés attribuables à ce bénéfice, sont exclus de tous les calculs du Taux effectif d'imposition aux termes du chapitre 5 et des articles 7.4.1 à 7.4.5, sous réserve des dispositions du paragraphe (b).

7.6.3. Le Bénéfice GloBE net non distribué au titre d'une Année fiscale correspond au montant du Bénéfice GloBE de l'Entité d'investissement, le cas échéant, au titre de l'Année testée, après déduction (sans tomber au-dessous de zéro) :

(a) de tous les Impôts concernés de l'Entité d'investissement ;

(b) des distributions et distributions présumées effectuées au profit d'actionnaires autres que des Entités constitutives qui sont des Entités d'investissement au cours de la Période de test ;

(c) des Pertes GloBE encourues au cours de la Période de test ; et

(d) des Reports des pertes d'investissement.

7.6.4. Le Bénéfice GloBE net non distribué au titre de l'Année testée, ne peut être diminué de distributions ou de distributions présumées qui ont été considérées comme une diminution du Bénéfice GloBE net non distribué au titre d'une précédente Année testée. Aux fins du calcul du Bénéfice GloBE net non distribué, une Perte GloBE est diminuée à hauteur du montant de cette perte qui a lui-même diminué, à la clôture d'une Année fiscale précédente, le Bénéfice GloBE net non distribué . Si une Perte GloBE, au titre d'une Année fiscale, n'est pas ramenée à zéro avant la fin de la dernière Période testée incluant cette Année fiscale, le solde devient un Report de pertes d'investissement et est diminué de la même manière qu'une Perte GloBE au titre des Années fiscales suivantes.

7.6.5. Aux fins de l'Article 7.6,

(a) l'Année testée correspond à la troisième année précédant l'Année fiscale qui fait l'objet de la déclaration ;

(b) la Période testée correspond à la période débutant le premier jour de l'Année testée et se terminant le dernier jour de l'Année fiscale qui fait l'objet de la déclaration au cours de laquelle le Titre de participation était détenu par une Entité du groupe ;

(c) une distribution présumée naît lorsqu'un Titre de participation détenu directement ou indirectement dans l'Entité d'investissement est transféré à une Entité hors groupe et s'élève à la quote-part du Bénéfice GloBE net non distribué attribuable à ce Titre de participation à la date du transfert (déterminée sans tenir compte de la distribution présumée), et

(d) le Montant additionnel d'impôt local qui peut être imputé correspond au montant des Impôts concernés dus par l'Entité d'investissement qui est peut être imputé sur l'impôt à payer par l'Entité détentrice de titres de l'Entité constitutive au titre d'une distribution versée par l'Entité d'investissement.

7.6.6. L'option prévue aux termes de cet Article est valable cinq ans. Si l'option est révoquée, la part du Bénéfice GloBE net non distribué de l'Entité d'investissement qui revient à l'Entité détentrice de titres de l'Entité constitutive au titre de l'Année testée à la clôture de l'Année fiscale précédant l'année de révocation est considérée comme un Bénéfice GloBE de l'Entité d'investissement au titre de l'année de révocation, et le produit de ce Bénéfice GloBE multiplié par le Taux minimum est considéré comme un Impôt complémentaire à raison d'une Entité constitutive faiblement imposée au titre de l'année de révocation pour l'application du chapitre 2.

8 Administration

Fonctionnement des règles dans ce chapitre

Le chapitre 8 aborde certains aspects administratifs des Règles GloBE.

- L'Article 8.1 énonce l'obligation faite aux Groupes d'EMN de déposer une Déclaration d'information standardisée dans chacune des juridictions ayant mis en place les Règles GloBE afin de fournir des renseignements sur les impôts calculés par chacun de ces groupes conformément aux Règles GloBE.
- L'Article 8.2 permet le développement de certains régimes de protection.
- L'Article 8.3 vise à favoriser la coordination entre les administrations fiscales dans l'application des règles GloBE grâce à l'élaboration d'Instructions administratives agréées.

Article 8.1. Obligations déclaratives

8.1.1. Sous réserve des dispositions de l'article 8.1.2, chaque Entité constitutive située en [ajouter le nom de la juridiction qui met en œuvre] doit déposer une Déclaration d'information GloBE conforme aux exigences des articles 8.1.4 à 8.1.6 auprès de l'administration fiscale de [ajouter le nom de la juridiction qui met en œuvre]. Cette déclaration peut être déposée soit par l'Entité constitutive elle-même, soit par une Entité locale désignée agissant pour son compte.

8.1.2. Une Entité constitutive n'est pas tenue de déposer une Déclaration d'information GloBE auprès de l'administration fiscale de [ajouter le nom de la juridiction qui met en œuvre] si une Déclaration d'information GloBE conforme aux exigences des articles 8.1.4 à 8.1.6 a été déposée, soit :

(a) par l'Entité mère ultime, lorsque celle-ci est située dans une juridiction qui a conclu avec [ajouter le nom de la juridiction qui met en œuvre] un Accord qualifié entre autorités compétentes qui a effet au titre de l'Année fiscale qui fait l'objet de la déclaration ; soit

(b) par une Entité déclarante désignée, lorsque celle-ci est située dans une juridiction qui a conclu avec [ajouter le nom de la juridiction qui met en œuvre] un Accord qualifié entre autorités compétentes qui a effet au titre de l'Année fiscale qui fait l'objet de la déclaration.

8.1.3. Dès lors que l'article 8.1.2 s'applique, l'Entité constitutive située en [ajouter le nom de la juridiction qui met en œuvre] ou l'Entité locale désignée agissant pour son compte doit aviser l'administration fiscale [ajouter le nom de la juridiction qui met en œuvre] de l'identité de l'Entité qui dépose la Déclaration d'information GloBE et de la juridiction dans laquelle elle est située.

8.1.4. La Déclaration d'information GloBE doit être remplie en utilisant un modèle type élaboré lors de l'élaboration du Cadre de mise en œuvre des Règles GloBE, et doit comprendre les informations suivantes concernant le Groupe d'EMN (informations qui pourront être précisées, étendues ou restreintes lors de l'élaboration du Cadre de mise en œuvre des Règles GloBE, notamment dans le cadre du développement de procédures de déclaration simplifiées) :

(a) l'identification des Entités constitutives, et notamment leur numéro d'identification fiscale (s'il existe), les juridictions dans lesquelles elles sont situées et leur statut au regard des Règles GloBE ;

(b) des informations d'ensemble sur l'organigramme juridique du Groupe d'EMN, et notamment sur les Titres détenus par des Entités constitutives du groupe conférant le contrôle d'autres Entités constitutives ;

(c) les renseignements nécessaires pour calculer :

i. le Taux effectif d'imposition de chaque juridiction et l'Impôt complémentaire de chaque Entité constitutive en vertu du chapitre 5 ;

ii. l'Impôt complémentaire de tout membre d'une coentreprise en vertu du chapitre 6 ;

iii. la fraction d'Impôt complémentaire en vertu de la RDIR et le Montant d'impôt complémentaire pour la RPII attribués à chaque juridiction conformément au chapitre 2 ;

(d) un historique des options réalisées en application des dispositions correspondantes des Règles GloBE ; et

(e) toute autre information prévue lors de l'élaboration du Cadre de mise en œuvre des Règles GloBE et nécessaire à l'administration des Règles GloBE.

8.1.5. La Déclaration d'information GloBE doit appliquer les définitions et instructions indiquées dans le modèle type développé lors de l'élaboration du Cadre de mise en œuvre de GloBE.

8.1.6. La Déclaration d'information GloBE et les notifications prévues en vertu du présent article doivent être déposées auprès de l'administration fiscale de [ajouter le nom de la juridiction qui met en œuvre] au plus tard 15 mois après le dernier jour de l'Année fiscale qui fait l'objet de la déclaration.

8.1.7. L'administration fiscale de [ajouter le nom de la juridiction qui met en œuvre] pourra modifier les obligations relatives aux informations, au dépôt et aux notifications de la Déclaration d'information GloBE afin de les aligner sur celles prévues par le Cadre de mise en œuvre des Règles GloBE (notamment dans le cadre du développement de procédures de déclaration simplifiées).

8.1.8. Les lois de [ajouter le nom de la juridiction qui met en œuvre] régissant les pénalités, sanctions et la confidentialité des déclarations et des informations qu'elles contiennent s'appliquent à la Déclaration d'information GloBE.

Article 8.2. Régimes de protection

8.2.1. Lors du choix de l'Entité constitutive déclarante, et nonobstant les dispositions du chapitre 5, l'Impôt complémentaire pour une juridiction (la juridiction du Régime de protection) sera considéré comme nul au titre d'une Année fiscale si les Entités constitutives situées dans cette juridiction sont éligibles au Régime de protection GloBE, en vertu des conditions prévues par le Cadre de mise en œuvre des règles GloBE et applicables pour cette année-là.

8.2.2. Une option réalisée pour une juridiction en vertu de l'article 8.2.1 ne s'appliquera pas dès lors que :

(a) [ajouter le nom de la juridiction qui met en œuvre] pourrait se voir attribuer un Impôt complémentaire en vertu des Règles GloBE si le Taux effectif d'imposition de la juridiction du régime de protection, tel que calculé conformément aux dispositions du chapitre 5 est inférieur au Taux minimum ; et

(b) l'administration fiscale de [ajouter le nom de la juridiction qui met en œuvre] notifie l'Entité (ou les Entités) constitutive(s) redevable(s), dans les 36 mois qui suivent le dépôt de la Déclaration d'information GloBE, de faits et circonstances particuliers qui ont pu avoir eu un impact substantiel sur l'éligibilité au Régime de protection des Entités constitutives situées dans la juridiction du Régime de protection et invite l'Entité (ou les Entités) constitutive(s) redevable(s) à clarifier dans un délai de six mois l'effet de ces faits et circonstances particuliers sur l'éligibilité desdites Entités constitutives au Régime de protection concerné; et

(c) l'Entité (ou les Entités) constitutive(s) redevable(s) échoue(nt) à démontrer dans les délais prévus que ces faits et circonstances n'ont pas eu d'impact substantiel sur l'éligibilité des Entités constitutives au Régime de protection concerné.

Article 8.3. Instructions administratives

8.3.1. L'administration fiscale de [ajouter le nom de la juridiction qui met en œuvre] doit, sous réserve de toute disposition éventuelle de droit interne, appliquer les règles GloBE conformément aux Instructions administratives agréées.

9 Règles transitoires

Fonctionnement des règles dans ce chapitre

Le chapitre 9 expose un certain nombre de règles transitoires.

- L'Article 9.1 énonce les règles transitoires applicables dès lors qu'un Groupe d'EMN entre dans le champ d'application des Règles GloBE.
- L'Article 9.2 modifie le pourcentage à appliquer dans le calcul de l'Exclusion de bénéfices fondée sur la substance en vertu de l'article Article 5.3 pendant une période transitoire.
- L'Article 9.3 prévoit une exclusion du champ d'application de la RPII pour les Groupes d'EMN en phase de démarrage de leurs activités internationales.
- L'Article 9.4 prévoit une dérogation transitoire aux obligations déclaratives.

Article 9.1. Caractéristiques de l'impôt pendant la phase de transition

9.1.1. Lors de la détermination du Taux effectif d'imposition applicable pour une juridiction au titre d'une Année de transition, et de chacune des années suivantes, le Groupe d'EMN doit prendre en compte tous les impôts différés actifs et tous les impôts différés passifs constatés ou mentionnés dans les états financiers de toutes les Entités constitutives situées dans une juridiction donnée au titre d'une Année de transition. Ces impôts différés actifs et passifs doivent être pris en compte au taux le plus bas entre le Taux minimum et le taux d'imposition national applicable. Un impôt différé actif qui a été comptabilisé à un taux inférieur au Taux minimum peut être pris en compte à ce Taux minimum si le contribuable peut démontrer qu'il est attribuable à une perte GloBE. Aux fins de l'application du présent article, il n'est pas tenu compte de l'incidence d'un ajustement de la valeur ou de la reconnaissance aux fins comptables d'un impôt différé actif.

9.1.2. Les impôts différés actifs dus à des éléments exclus du calcul du Résultat GloBE en vertu du chapitre 3 doivent être exclus du calcul prévu à l'article 9.1.1 lorsqu'ils sont générés lors d'une transaction dont la date est ultérieure au 30 novembre 2021.

9.1.3. Dans le cas d'un transfert d'actifs entre Entités constitutives à une date ultérieure au 30 novembre 2021 et avant le début d'une Année de transition, la base de valorisation de ces actifs acquis (en dehors du stock) doit être fondée sur la valeur comptable des actifs transférés figurant dans les comptes de l'Entité cédante au moment de la cession, et les impôts différés actifs et passifs entrant dans le champ d'application des Règles GloBE doivent être déterminés sur cette base.

Article 9.2. Dérogation transitoire pour les Exclusions de bénéfices fondées sur la substance

9.2.1. Aux fins de l'application de l'article 5.3.3, la valeur de 5 % doit être remplacée par la valeur indiquée dans le tableau ci-après pour chaque Année fiscale qui commence au cours de l'une des années civiles suivantes :

Année fiscale débutant en	Taux applicable aux fins de l'article 5.3.3
2023	10 %
2024	9.8 %
2025	9.6 %
2026	9.4 %
2027	9.2 %
2028	9 %
2029	8.2 %
2030	7.4 %
2031	6.6 %
2032	5.8 %

9.2.2. Aux fins de l'application de l'article 5.3.4, la valeur de 5 % doit être remplacée par la valeur indiquée dans le tableau ci-après pour chaque Année fiscale qui commence au cours de l'une des années civiles suivantes :

Année fiscale débutant en	Taux applicable aux fins de l'article 5.3.4
2023	8.0 %
2024	7.8 %
2025	7.6 %
2026	7.4 %
2027	7.2 %
2028	7.0 %
2029	6.6 %
2030	6.2 %
2031	5.8 %
2032	5.4 %

Article 9.3. Exclusion du champ d'application de la RPII pour les Groupes d'EMN en phase de démarrage de leurs activités internationales

9.3.1. Sous réserve de l'article 9.3.4, l'Impôt complémentaire qui serait normalement pris en compte en vertu de l'article 2.5.1 est ramené à zéro pendant la phase de démarrage des activités internationales d'un Groupe d'EMN, nonobstant les obligations prévues par ailleurs au chapitre 5.

9.3.2. Aux fins de l'article 9.3, un Groupe d'EMN est considéré comme étant dans la phase de démarrage de ses activités internationales si, au titre d'une Année fiscale donnée :

(a) il a des Entités constitutives dans six juridictions au plus ; et

(b) la somme de la Valeur nette comptable des actifs corporels de l'ensemble des Entités constitutives situées dans toutes les juridictions autres que la Juridiction de référence ne dépasse pas 50 millions EUR.

9.3.3. Aux fins de l'article 9.3.2, la Juridiction de référence d'un Groupe d'EMN est la juridiction dans laquelle la valeur totale des Actifs corporels du Groupe d'EMN est la plus élevée au titre de l'Année fiscale durant laquelle le Groupe d'EMN entre dans le champ d'application des Règles GloBE pour la première fois. La valeur totale des Actifs corporels dans une juridiction correspond à la somme des Valeurs nettes comptables des actifs corporels de toutes les Entités constitutives du Groupe d'EMN situées dans cette juridiction.

9.3.4. L'article 9.3 ne s'applique pas au titre d'une Année fiscale dès lors que celle-ci débute plus de cinq ans après le premier jour de la première Année fiscale durant laquelle le Groupe d'EMN entre dans le champ d'application des règles GloBE pour la première fois. Pour les Groupes d'EMN relevant du champ d'application des règles GloBE lorsque celles-ci prennent effet, cette période de cinq ans débute au moment de l'entrée en vigueur des règles RPII.

9.3.5. [*Disposition facultative*] Si [ajouter le nom de la juridiction qui met en œuvre] est la Juridiction de référence du Groupe d'EMN en vertu de l'article 9.3.3, alors l'article 9.3.1 ne s'applique pas pendant la phase de démarrage des activités internationales de ce Groupe d'EMN et, pendant cette phase de démarrage :

(a) [*Disposition facultative*] L'Impôt complémentaire calculé à raison d'une Entité constitutive faiblement imposée qui serait pris en compte pour les besoins de l'article 2.5.1 est ramené à zéro si cette Entité constitutive faiblement imposée est située dans la Juridiction de référence, nonobstant les obligations prévues par ailleurs au chapitre 5 ; et

(b) le Ratio pour la RPII applicable aux juridictions autres que la Juridiction de référence est réputé être nul.

Article 9.4. Dérogation transitoire aux obligations déclaratives

9.4.1. Nonobstant l'article 8.1.6, la Déclaration d'information GloBE ou les notifications formulées conformément à l'article 8.1 devront être déposées auprès de l'administration fiscale de [ajouter le nom de la juridiction qui met en œuvre] au plus tard 18 mois après le dernier jour de l'Année fiscale qui fait l'objet de la déclaration, lorsque cette année correspond à l'Année de transition.

10 Définitions

Fonctionnement des règles dans ce chapitre

Le chapitre 10 définit les termes utilisés dans les règles GloBE.

- L'Article 10.1 contient les définitions générales utilisées dans les règles GloBE.
- L'Article 10.2 énonce certaines définitions relatives aux Entités transparentes localement.
- L'Article 10.3 donne une définition des règles utilisées pour déterminer la localisation d'une Entité aux fins de l'application des règles GloBE.

Article 10.1. Définitions

10.1.1. Les termes et expressions ci-après sont définis comme suit :

Une **Norme de comptabilité financière admissible** désigne les Normes internationales d'information financière (IFRS) ainsi que les principes comptables généralement admis en Australie, au Brésil, au Canada, en Corée, dans les États membres de l'Union européenne, dans les États membres de l'Espace économique européen, aux États-Unis d'Amérique, à Hong Kong (Chine), en Inde, au Japon, au Mexique, en Nouvelle-Zélande, en République populaire de Chine, en Russie, à Singapour, en Suisse et au Royaume-Uni.

Les **Charges de retraite à payer** correspondent à la différence entre le montant des engagements de retraite à payer compris dans le Résultat net comptable, et le montant versé à un Fonds de pension au titre de l'Année fiscale.

L'**Impôt complémentaire additionnel courant** est le montant de l'impôt calculé en application de l'Article 5.4 ainsi que tout montant considéré comme tel aux termes du même article, tel que le montant déterminé aux termes de l'article 4.1.5 ou Article 7.3.

Les **Fonds propres additionnels T1** désignent un instrument émis par une Entité constitutive conformément aux dispositions relatives à la réglementation prudentielle applicable au secteur bancaire, convertible en fonds propres ou faisant l'objet d'une dépréciation si un fait générateur prédéfini se produit, et qui présente d'autres caractéristiques conçues pour améliorer la capacité d'absorption des pertes en cas de crise financière.

Les **Eléments additionnels aux impôts concernés** sont définis à l'article 4.1.2.

La **Plus-value ajustée sur cession d'actifs** se rapportant à la Plus-value cumulée sur cession d'actifs qui fait l'objet d'une option exercée en vertu de l'article 3.2.6, désigne la fraction de la Plus-value cumulée sur cession d'actifs au titre de l'Année d'application de l'option qui n'a pas fait l'objet d'une imputation sur une Moins-value nette sur cession d'actifs enregistrée au titre d'une Année déficitaire précédente conformément à l'article 3.2.6(b) ou (c).

Le Montant ajusté des Impôts concernés est défini à l'article 4.1.1.

La **Plus-value cumulée sur cession d'actifs** se rapportant à une option exercée en vertu de l'article 3.2.6, désigne la plus-value nette réalisée au titre de l'Année d'application de l'option lors de la cession d'Actifs corporels locaux par toutes les Entités constitutives situées dans la juridiction, déduction faite de la plus ou moins-value résultant d'un transfert d'actifs entre les Membres du Groupe.

Les **Instructions administratives agréées** désignent les instructions relatives à l'interprétation ou à l'administration des Règles GloBE émises par le Cadre inclusif.

La **Part attribuable de l'impôt complémentaire** est définie à l'article 2.2.1.

Une **Option annuelle** correspond à une option exercée par une Entité constitutive déclarante, qui ne s'applique qu'à l'Année fiscale au titre de laquelle elle est exercée.

La **Plus-value sur cession d'actifs allouée** se rapporte à une option exercée en vertu de l'article 3.2.6 et désigne la Plus-value ajustée sur cession d'actifs allouée à une Année fiscale au cours de la Période antérieure concernée conformément à l'article 3.2.6(d).

Le **Principe de pleine concurrence** désigne le principe selon lequel les transactions conclues entre des Entités constitutives doivent être enregistrées par référence aux conditions qui se seraient appliquées entre des entreprises indépendantes pour des transactions comparables et dans des circonstances comparables.

Les **Gains ou pertes de change asymétriques** désignent les gains ou les pertes de change d'une entité dont la monnaie fonctionnelle comptable et la monnaie fonctionnelle fiscale sont différentes lorsque ces gains ou pertes sont :

(a) pris en compte dans le calcul du bénéfice ou de la perte imposable d'une Entité constitutive, et imputables aux fluctuations du taux de change entre sa monnaie fonctionnelle comptable et sa monnaie fonctionnelle fiscale ;

(b) pris en compte dans le calcul du Résultat net comptable d'une Entité constitutive, et imputables aux fluctuations du taux de change entre sa monnaie fonctionnelle fiscale et sa monnaie fonctionnelle comptable;

(c) pris en compte dans le calcul du Résultat net comptable d'une Entité constitutive, et imputables aux fluctuations du taux de change entre une troisième monnaie étrangère et sa monnaie fonctionnelle comptable; et

(d) attribuables aux fluctuations du taux de change entre une troisième monnaie étrangère et sa monnaie fonctionnelle fiscale, que ce gain ou cette perte de change soit ou non inclus dans le revenu imposable.

La monnaie fonctionnelle fiscale est la monnaie fonctionnelle utilisée pour calculer le bénéfice ou la perte imposable d'une Entité constitutive au titre d'un Impôt concerné dans la juridiction où elle est située. La monnaie fonctionnelle comptable est la monnaie fonctionnelle utilisée pour calculer le Résultat net comptable d'une Entité constitutive. Une troisième monnaie étrangère correspond à une monnaie qui n'est ni la monnaie fonctionnelle fiscale ni la monnaie fonctionnelle comptable d'une Entité constitutive.

Un **Organisme comptable agréé** désigne l'organisme investi de l'autorité juridique dans une juridiction pour prescrire, établir ou accepter des normes comptables à des fins d'information financière.

Une **Norme de comptabilité financière agréée**, s'agissant de toute Entité, désigne un ensemble de principes comptables généralement admis et autorisés par un Organisme comptable agréé dans la juridiction où l'Entité est située.

Le **Résultat GloBE moyen** est défini à l'article 5.5.2.

Le **Chiffre d'affaires GloBE moyen** est défini à l'article 5.5.2.

Le **Commentaire** correspond au commentaire relatif aux Règles GloBE élaboré par le Cadre inclusif OCDE/G20 sur l'érosion de la base d'imposition et le transfert de bénéfices (BEPS).

Les **États financiers consolidés** désignent :

(a) les états financiers préparés par une Entité, conformément à une Norme de comptabilité financière admissible, dans lesquels les actifs, passifs, produits et charges et flux de trésorerie de cette Entité et des Entités dans lesquelles elle détient des Titres conférant le contrôle sont présentés comme s'il s'agissait d'une seule et même unité économique ;

(b) lorsqu'une Entité répond à la définition d'un Groupe en vertu de l'article 1.2.3, les états financiers de l'Entité qui sont préparés conformément à une Norme de comptabilité financière admissible ;

(c) lorsque l'Entité mère ultime a des états financiers tels que ceux décrits aux paragraphes (a) ou (b) mais qui ne sont pas préparés conformément à une Norme de comptabilité financière admissible, les états financiers sont ceux qui sont préparés sous réserve des ajustements destinés à corriger toute Distorsion importante de la concurrence ; et

(d) lorsque l'Entité mère ultime n'établit pas d'états financiers tels que ceux décrits aux paragraphes susmentionnés, les États financiers consolidés de l'Entité mère ultime sont ceux que l'Entité aurait préparés si elle avait été tenue de le faire conformément à une Norme de comptabilité financière agréée qui est soit une Norme de comptabilité financière admissible ou une autre norme de comptabilité financière ajustée pour corriger toute Distorsion importante de la concurrence.

Une **Entité constitutive** (EC) est définie à l'article 1.3.1.

Une **Entité détentrice de titres d'une Entité constitutive** désigne une Entité constitutive qui détient, directement ou indirectement, un Titre de participation dans une autre Entité constitutive d'un même Groupe d'EMN.

Un **Régime fiscal des sociétés étrangères contrôlées** désigne un ensemble de règles fiscales (à l'exclusion d'une RDIR) en vertu desquelles un actionnaire direct ou indirect d'une entité étrangère (la société étrangère contrôlée ou SEC) est assujetti à une imposition courante au titre de sa participation, sur tout ou partie des revenus de la SEC, que ces revenus soient ou non distribués à l'actionnaire.

Les **Titres conférant le contrôle** correspondent aux Titres de participation dans une Entité, en vertu desquels le détenteur :

(a) est tenu de consolider les actifs, les passifs, les produits, les charges et les flux de trésorerie de l'Entité ligne par ligne selon une Norme de comptabilité financière admissible ; ou

(b) aurait été tenu de consolider les actifs, les passifs, les produits, les charges et les flux de trésorerie de l'Entité ligne par ligne si le détenteur avait établi des États financiers consolidés.

Une Entité principale est réputée détenir les Titres conférant le contrôle de ses Établissements stables.

Une **Coopérative** désigne une Entité qui commercialise ou acquiert collectivement des biens ou des services pour le compte de ses membres, et qui est soumise, dans la juridiction où elle est située, à un régime fiscal dont l'objectif est d'assurer la neutralité fiscale des transactions se rapportant aux biens ou aux services vendus par les membres ou acquis par eux par l'intermédiaire de la coopérative.

Les **Impôts concernés** sont définis à l'Article 4.2.

Le **Dividende déductible** signifie, s'agissant d'une Entité constitutive soumise à un Régime des dividendes déductibles :

(a) une distribution de bénéfices au profit du détenteur d'un Titre de participation, déductible du revenu imposable de l'Entité constitutive en vertu du droit en vigueur dans la juridiction dans laquelle elle est située ; ou

(b) une ristourne accordée à un membre d'une Coopérative.

Un **Régime des dividendes déductibles** désigne un régime fiscal conçu pour assurer un niveau d'imposition unique chez les détenteurs de titres d'une Entité en permettant de déduire du revenu de l'Entité les distributions de bénéfices au profit des détenteurs. À cette fin, les ristournes provenant d'une Coopérative sont considérées comme des distributions réalisées au profit des détenteurs. Un Régime des dividendes déductibles couvre également un dispositif d'exonération fiscale applicable aux Coopératives.

L'**Impôt sur les distributions présumées** est défini à l'article 7.3.2.

Le **Compte de régularisation de l'impôt sur les distributions présumées** désigne un compte tenu conformément à l'article 7.3.3.

Une **Entité constitutive sortante** désigne une Entité constitutive faisant l'objet d'une option exercée en vertu de l'article 7.3.1, et qui quitte le Groupe d'EMN ou transfère la quasi-totalité de ses actifs à une personne qui n'est pas une Entité constitutive du même Groupe d'EMN situé dans la même juridiction.

Une **Entité déclarante désignée** désigne l'Entité constitutive, autre que l'Entité mère ultime, désignée par le Groupe d'EMN pour déposer la Déclaration d'information GloBE pour le compte du Groupe d'EMN.

Une **Entité locale désignée** désigne l'Entité constitutive d'un Groupe d'EMN située en [ajouter le nom de la Juridiction qui met en œuvre], désignée par les autres Entités constitutives situées en [ajouter le nom de la Juridiction qui met en œuvre] du Groupe d'EMN pour déposer la Déclaration d'information GloBE ou les notifications en vertu de l'article 8.1.3.

La **Charge d'impôt non reconnue** est définie à l'article 4.4.6.

Le **Ratio de régulation lors de la cession** est défini à l'article 7.3.8.

L'**Impôt imputé remboursable non qualifié** désigne tout montant d'impôt, autre qu'un Impôt imputé qualifié, dû ou acquitté par une Entité constitutive qui est :

(a) remboursable au bénéficiaire effectif d'un dividende distribué par cette Entité constitutive au titre de ce dividende ou imputable par le bénéficiaire effectif sur un impôt dû autre qu'un impôt à payer au titre de ce dividende ; ou

(b) remboursable à la société effectuant la distribution, lors de la distribution d'un dividende.

Un **Accord de double cotation** désigne un accord conclu par plusieurs Entités mères ultimes de Groupes distincts, aux termes duquel :

(a) les Entités mères ultimes conviennent de regrouper leurs activités exclusivement en vertu d'un contrat ;

(b) en vertu d'accords contractuels, les Entités mères ultimes procèderont à des distributions (de dividendes et en cas de liquidation) au profit de leurs actionnaires sur la base d'un ratio déterminé ;

(c) leurs activités sont gérées comme s'il s'agissait d'une seule et même entité économique dans le cadre d'accords contractuels, bien qu'elles conservent une identité juridique propre ;

(d) les Titres de participation dans les Entités mères ultimes parties à l'accord sont cotés, négociés ou transférés indépendamment sur différents marchés financiers ; et

(e) les Entités mères ultimes établissent des États financiers consolidés dans lesquels les actifs, passifs, produits, charges et flux de trésorerie de toutes les Entités des Groupes sont présentés ensemble comme s'il s'agissait d'une seule et même entité économique, et qui doivent faire l'objet d'un contrôle par des auditeurs externes en vertu d'un régime réglementaire.

Le **Taux effectif d'imposition** (TEI) est défini à l'article 5.1.1.

L'**Année d'application de l'option** se rapporte à une Option annuelle et désigne l'année au titre de laquelle l'option est exercée.

Un **Régime éligible d'impôt sur les distributions** désigne un régime d'imposition des bénéfices des sociétés :

(a) en vertu duquel la société n'est généralement redevable de l'impôt que lorsqu'elle distribue des bénéfices aux actionnaires, est réputée distribuer des bénéfices aux actionnaires ou engage certaines dépenses non commerciales ;

(b) dont le taux d'imposition appliqué est équivalent ou supérieur au Taux minimum ; et

(c) qui était en vigueur au plus tard le 1er juillet 2021.

Les **Employés éligibles** désignent les employés, y compris les employés à temps partiel, d'une Entité constitutive qui est membre du Groupe d'EMN, ainsi que les sous-traitants indépendants participant aux activités opérationnelles ordinaires du Groupe d'EMN sous l'autorité et le contrôle de celui-ci.

Les **Frais de personnel éligible** désignent les dépenses de rémunération des salariés (y compris les salaires, traitements et autres dépenses qui procurent un avantage personnel direct et individualisé au profit du salarié, comme les cotisations d'assurance maladie et de retraite), les taxes sur les salaires et sur l'emploi, et les cotisations de sécurité sociale à la charge de l'employeur.

Les **Actifs corporels éligibles** sont définis à l'article 5.3.4.

Une **Entité** désigne :

(a) toute personne morale (autre qu'une personne physique) ; ou

(b) une structure qui établit des comptes sociaux distincts, comme une société de personnes ou un trust.

Un **Article rectificatif du TEI** désigne l'article 3.2.6, l'article 4.4.4, l'article 4.6.1, l'article 4.6.4 ou l'Article 7.3.

Le **Bénéfice excédentaire** est défini à l'article 5.2.2.

Les **Dividendes exclus** désignent les dividendes ou les autres distributions perçus ou à recevoir au titre d'un Titre de participation, à l'exception :

(a) des Titres de portefeuille à court terme ; et

(b) d'un Titre de participation dans une Entité d'investissement faisant l'objet d'une option exercée en vertu de l'Article 7.6.

Une **Entité exclue** est définie à l'article 1.5.1 et à l'article 1.5.2.

La **Plus ou moins-value sur capitaux exclue** désigne la plus-value, le bénéfice ou la perte inclus dans le Résultat net comptable de l'Entité constitutive résultant :

(a) des plus ou moins-values liées aux variations de la juste valeur d'un Titre de participation, à l'exception des Titres de portefeuille ;

(b) du bénéfice ou de la perte dérivé(e) d'un Titre de participation qui est comptabilisé conformément à la méthode comptable de mise en équivalence ; et

(c) des plus ou moins-values liées à la cession d'un Titre de participation, à l'exception de la cession de Titres de portefeuille.

Une **Entité constitutive déclarante** désigne une entité qui dépose la Déclaration d'information GloBE en vertu de l'article 8.1.

Le **Résultat net comptable** est défini à l'article 3.1.2.

L'**Année fiscale** désigne une période comptable au titre de laquelle l'Entité mère ultime du Groupe d'EMN établit ses États financiers consolidés. Dans le cas des États financiers consolidés au sens du paragraphe (d) de leur définition, l'Année fiscale correspond à l'année civile.

Une **Option pour cinq ans** désigne une option exercée par une Entité constitutive déclarante se rapportant à une Année fiscale (l'Année d'application de l'option), qui ne peut être révoquée pour l'Année d'application de l'option ou les quatre Années fiscales suivantes. Si une Option pour cinq ans est révoquée pour une Année fiscale (l'année de révocation), une nouvelle option ne peut être exercée durant les quatre Années fiscales suivant l'année de révocation.

Les **Administrations publiques** désignent l'administration centrale, les organismes dont les activités sont sous son contrôle effectif, les administrations locales et leurs services.

Le **Cadre de mise en œuvre de GloBE** désigne les procédures qui seront mises en œuvre par le Cadre inclusif sur le BEPS en vue de l'élaboration des règles administratives, des instructions et des procédures destinées à faciliter l'application coordonnée des règles GloBE.

Le **Bénéfice GloBE de toutes les entités constitutives** est défini à l'article 5.1.2(a).

Le **Résultat GloBE** d'une Entité constitutive est défini à l'article 3.1.1.

La **Déclaration d'information GloBE** désigne une déclaration standardisée qui doit être conçue conformément au Cadre de mise en œuvre de GloBE et qui contient les informations décrites à l'article 8.1.4.

L'**Impôt différé actif au titre d'un déficit GloBE** est défini à l'article Article 4.5.

Une **Option liée à un déficit GloBE** est définie à l'article 4.5.1.

Les **Déficits GloBE de toutes les entités constitutives** sont définis à l'article 5.1.2(b).

Une **Réorganisation GloBE** désigne une transformation ou un transfert d'actifs et de passifs, à l'occasion d'une fusion, d'une scission, d'une liquidation ou d'une opération de même nature, aux termes de laquelle :

(a) le transfert est rémunéré, en tout ou en majeure partie, par une participation au capital émise par l'Entité constitutive acquéresse ou par une personne liée à l'Entité constitutive acquéresse ou, dans le cas d'une liquidation, par une participation au capital de la cible (ou, si le transfert n'est pas rémunéré, une transaction aux termes de laquelle l'émission d'une participation au capital n'aurait pas d'importance économique) ;

(b) la plus-value ou la moins-value sur ces actifs réalisée par l'Entité constitutive n'est pas soumise à l'impôt ; et

(c) la législation fiscale de la juridiction dans laquelle l'Entité constitutive acquéresse est située impose à cette dernière de calculer le bénéfice imposable après la cession ou l'acquisition en utilisant la base d'imposition de l'Entité constitutive cédante, corrigée de l'éventuelle Plus-value ou moins-value non qualifiée réalisée au moment de la cession ou de l'acquisition.

Le **Chiffre d'affaires GloBE** est défini à l'article 5.5.3(a) aux fins de l'article 5.5.2.

Les **Règles GloBE** désignent l'ensemble de règles élaborées par le Cadre inclusif OCDE/G20 sur l'érosion de la base d'imposition et le transfert de bénéfices.

Le **Régime de protection GloBE** désigne l'exception prévue à l'article 8.2.1 afin de faciliter la mise en conformité des EMN et l'administration des règles par les administrations fiscales. Les conditions auxquelles les Entités constitutives d'un Groupe d'EMN situées dans une juridiction peuvent bénéficier du Régime de protection GloBE seront définies en suivant un processus commun et approuvé, établi à la faveur des travaux entrepris par le Cadre inclusif sur le BEPS en vue d'élaborer un Cadre de mise en œuvre GloBE.

Une **Entité publique** désigne une Entité qui remplit l'ensemble des critères énoncés dans les paragraphes (a) à (d) ci-après :

(a) elle fait partie d'une administration publique ou est entièrement détenue par une administration publique (y compris toute subdivision politique ou collectivité locale de celle-ci) ;

(b) elle a pour principal objet :

(i) d'exercer une fonction publique ; ou

(ii) de gérer ou placer les actifs de cette administration ou de sa juridiction au moyen de la réalisation d'investissements, la détention de placements, la gestion d'actifs, et d'autres activités connexes de placement d'actifs pour le compte de l'administration ou de la juridiction ;

et elle n'exerce pas d'activité économique ou commerciale ;

(c) elle rend compte à l'administration publique de ses résultats d'ensemble et lui fournit un rapport annuel d'information ; et

(d) ses actifs reviennent à cette administration publique à sa dissolution, et en cas de distribution de revenus nets, ceux-ci sont exclusivement distribués à ladite administration, sans qu'aucune personne privée ne puisse prétendre en bénéficier en tout ou partie.

Un **Groupe** est défini à l'article 1.2.2 et à l'article 1.2.3.

Une **Entité du groupe**, s'agissant de toute Entité ou de tout Groupe, désigne une Entité qui est membre du même Groupe.

Une **Contrepartie à fiscalité élevée** désigne une Entité constitutive qui est située dans une juridiction qui n'est pas une Juridiction à faible imposition ou qui est située dans une juridiction qui ne serait pas une Juridiction à faible imposition si son TEI était calculé sans tenir compte des recettes ou des dépenses imputables à cette Entité au titre d'un Accord de financement intragroupe.

Les **IFRS** désignent les Normes comptables internationales (International Financial Reporting Standards).

La **RDIR** désigne les règles définies dans les articles Article 2.1 à Article 2.3.

La **Plus ou moins-value incluse au titre de la méthode de réévaluation** désigne la plus ou moins-value nette se rapportant à toute immobilisation corporelle, majorée ou minorée par les éventuels Impôts concernés correspondants, survenant au titre de l'Année fiscale en application d'une méthode ou d'une pratique comptable qui :

(a) ajuste périodiquement la valeur comptable de cette immobilisation en fonction de sa juste valeur ;

(b) comptabilise les variations de valeur en tant que Autres éléments du résultat global ; et

(c) ne comptabilise pas ultérieurement les plus ou moins-values comptabilisées en tant que Autres éléments du résultat global via le compte de résultats.

Une **Entité d'investissement d'assurance** désigne une entité qui répondrait à la définition d'un Fonds d'investissement ou d'un Véhicule d'investissement immobilier, mais qui est établie en lien avec des engagements au titre d'un contrat d'assurance ou de rente et qui est entièrement détenue par une Entité réglementée en tant que compagnie d'assurance là où elle est située.

Une **Entité mère intermédiaire** désigne une Entité constitutive (autre qu'une Entité mère ultime, une Entité mère partiellement détenue, un Établissement stable ou une Entité d'investissement) qui détient (directement ou indirectement) un Titre de participation dans une autre Entité constitutive du même Groupe d'EMN.

Une **Organisation internationale** désigne toute organisation intergouvernementale (y compris une organisation supranationale) ou une personne morale de droit public appartenant entièrement à celle-ci, qui remplit l'ensemble des critères énoncés dans les paragraphes (a) à (c) ci-après :

(a) elle se compose principalement d'États ;

(b) elle a conclu avec la juridiction dans laquelle elle est établie un accord de siège ou un accord substantiellement similaire (par exemple un accord octroyant des privilèges et immunités aux bureaux ou établissements (ramification, ou bureau régional ou local, par exemple, de l'organisation implantés sur le territoire de la juridiction) ; et

(c) ses revenus ne peuvent pas, en vertu de la loi ou de ses documents fondateurs, échoir à des personnes privées.

Le **Résultat provenant de l'exploitation de navires en trafic international** est défini à l'article 3.3.2.

Un **Accord de financement intragroupe** désigne tout accord conclu par deux membres ou plus du Groupe d'EMN, en vertu duquel une Contrepartie à fiscalité élevée accorde un crédit, ou réalise un investissement de toute autre manière, directement ou indirectement, au bénéfice d'une Entité faiblement imposée .

Une **Entité d'investissement** désigne :

(a) un Fonds d'investissement ou un Véhicule d'investissement immobilier ;

(b) une Entité qui est détenue directement, à hauteur d'au moins 95 %, par une Entité décrite au paragraphe (a) ou via une chaîne d'Entités de cette nature, et qui a pour activité exclusive ou quasi exclusive de détenir des actifs ou de réaliser des placements pour le compte de ces Entités d'investissement ; et

(c) une Entité dont au moins 85 % de la valeur est détenue par une Entité désignée au paragraphe (a), à condition que les bénéfices de cette Entité soient constitués pour l'essentiel de Dividendes exclus ou de Plus ou moins-values sur capitaux exclues, qui ne sont pas pris en compte dans le calcul du Résultat GloBE, conformément aux articles 3.2.1(b) ou (c).

Un **Fonds d'investissement** désigne une Entité qui remplit l'ensemble des critères énoncés dans les paragraphes (a) à (g) ci-après :

(a) elle est conçue pour regrouper des actifs (qui peuvent être financiers ou non financiers) provenant de plusieurs investisseurs (dont certains ne sont pas liés) ;

(b) ses investissements sont conformes à une politique d'investissement prédéfinie ;

(c) elle permet aux investisseurs de réduire leurs coûts de transaction, de recherche et d'analyse, ou de partager collectivement les risques ;

(d) elle est principalement conçue pour générer des plus-values ou des revenus d'investissement ou se prémunir contre un événement ou un résultat à caractère général ou spécifique ;

(e) les investisseurs perçoivent un rendement sur les actifs du fonds, ou sur les revenus perçus au titre de ces actifs, au prorata de leur participation ;

(f) l'Entité ou sa gestion est soumise aux dispositions réglementaires en vigueur dans la juridiction où elle est établie ou gérée (et notamment aux règles régissant la lutte contre le blanchiment de capitaux et la protection des investisseurs) ; et

(g) elle est gérée par des gestionnaires de fonds professionnels pour le compte des investisseurs.

Une **Coentreprise** désigne une Entité dont les résultats financiers sont reportés selon la méthode de mise en équivalence dans les États financiers consolidés de l'Entité mère ultime, à condition que l'Entité mère ultime détienne directement ou indirectement au moins 50 % de ses Titres de participation. Une Coentreprise n'inclut pas :

(a) une Entité mère ultime d'un Groupe d'EMN qui est soumis aux règles GloBE ;

(b) une Entité exclue aux termes de l'article 1.5.1 ;

(c) une Entité dont les Titres de participation détenus par le Groupe d'EMN sont détenus directement par une Entité exclue visée à l'article 1.5.1 dès lors que cette Entité :

  (i) est gérée exclusivement ou presque exclusivement dans le but de détenir des actifs ou de réaliser des placements au profit de ses investisseurs ;

  (ii) exerce des activités accessoires à celles exercées par l'Entité exclue ; ou

  (iii) la majeure partie de ses bénéfices sont exclus du calcul du Résultat GloBE, conformément à l'article 3.2.1(b) et (c).

(d) une Entité qui est détenue par un groupe d'EMN composé exclusivement d'Entités exclues ; ou

(e) une Filiale d'une coentreprise.

Un **Groupe d'une coentreprise** désigne une Coentreprise et ses Filiales.

L'**Impôt complémentaire pour le groupe d'une coentreprise** désigne la Part attribuable à l'Entité mère ultime de l'impôt complémentaire pour tous les membres du Groupe d'une coentreprise.

Une **Filiale d'une coentreprise** désigne une Entité dont les actifs, les passifs, les recettes, les dépenses et les flux de trésorerie sont consolidés par une Coentreprise en vertu d'une Norme de comptabilité financière admissible (ou l'auraient été si elle avait dû consolider ces postes conformément à une Norme de comptabilité financière admissible). Un Établissement stable dont l'Entité principale est la Coentreprise ou une Filiale d'une coentreprise est traité comme une Filiale d'une coentreprise distincte.

Une **Entité (ou des Entités) constitutive(s) redevable(s)** désigne(nt) une ou plusieurs Entités constitutives situées en [ajouter le nom de la Juridiction qui met en œuvre] qui pourraient être redevables d'un Impôt complémentaire ou soumises à un ajustement en vertu du chapitre 2 si le Régime de protection GloBE visé à l'article 8.2.1 ne s'appliquait pas.

Un **Actif corporel local** désigne un bien immobilier situé dans la même juridiction que l'Entité constitutive.

La **Période antérieure concernée** au titre d'une option exercée en vertu de l'article 3.2.6 désigne l'Année d'application de l'option et les quatre Années fiscales précédentes.

Une **Année déficitaire**, se rapporte à une juridiction pour laquelle l'Entité constitutive déclarante a exercé une option en vertu de l'article 3.2.6, et désigne une Année fiscale au cours de la Période antérieure concernée au titre de laquelle une Moins-value nette sur cession d'actifs a été comptabilisée par une Entité constitutive située dans cette juridiction, et au titre de laquelle le montant total de la Moins-value nette sur cession d'actifs de toutes ces Entités constitutives dépasse le montant total de leur Plus-value nette sur cession d'actifs.

Une **Entité constitutive faiblement imposée** désigne une Entité constitutive du Groupe d'EMN qui est située dans une Juridiction à faible imposition ou une Entité constitutive apatride qui, au titre d'une Année fiscale, a un Bénéfice GloBE et un Taux effectif d'imposition (déterminé selon les modalités du chapitre 5) au titre de cette Année fiscale qui est inférieur au Taux minimum.

Une **Entité faiblement imposée** désigne une Entité constitutive située dans une Juridiction à faible imposition ou dans une juridiction qui serait une Juridiction à faible imposition si son Taux effectif d'imposition était calculé sans tenir compte des recettes ou des dépenses imputables à cette Entité au titre d'un Accord de financement intragroupe.

Une **Juridiction à faible imposition**, pour un Groupe d'EMN au cours d'une Année fiscale donnée, désigne une juridiction dans laquelle le Groupe d'EMN a un Bénéfice GloBE net et un Taux effectif d'imposition (déterminé selon les modalités du chapitre 5) au cours de cette période qui est inférieur au Taux minimum.

Une **Entité principale**, pour un Établissement stable, désigne l'Entité qui comptabilise le Résultat net comptable de l'Établissement stable dans ses comptes sociaux.

Une **Distorsion importante de la concurrence** au titre de l'application d'un principe ou d'une procédure spécifique dans le cadre d'un ensemble de principes comptables généralement acceptés désigne une application qui entraîne une variation totale supérieure à 75 millions EUR au titre d'une Année fiscale, par comparaison avec le montant qui aurait été obtenu en appliquant le principe ou la procédure IFRS correspondante. Lorsque l'application d'un principe ou d'une procédure spécifique entraîne une Distorsion importante de la concurrence, le traitement comptable de toute entrée ou transaction soumise à ce principe ou à cette procédure doit être ajusté pour se conformer au traitement requis pour l'entrée ou la transaction en vertu des IFRS, conformément aux Instructions administratives agréées éventuelles.

Le **Taux minimum** correspond à quinze pour cent (15 %).

Une **Entité constitutive à détention minoritaire** désigne une Entité constitutive dans laquelle l'Entité mère ultime détient directement ou indirectement un Titre de participation de 30 % ou moins.

Une **Entité mère à détention minoritaire** désigne une Entité constitutive à détention minoritaire qui détient, directement ou indirectement, les Titres conférant le contrôle d'une autre Entité constitutive à détention minoritaire, excepté lorsque les Titres conférant le contrôle de la première Entité sont détenus, directement ou indirectement, par une autre Entité constitutive à détention minoritaire.

Un **Sous-groupe à détention minoritaire** désigne une Entité mère à détention minoritaire et ses Filiales à détention minoritaire.

Une **Filiale à détention minoritaire** désigne une Entité constitutive à détention minoritaire dont les Titres conférant le contrôle sont détenus, directement ou indirectement, par une Entité mère à détention minoritaire.

Un **Groupe d'EMN** est défini à l'article 1.2.1.

La **Part attribuable au groupe d'EMN du résultat GloBE de l'entité d'investissement** est définie à l'article 7.4.4.

Un **Groupe d'EMN à entités mères multiples** désigne deux ou plusieurs Groupes répondant aux critères suivants :

(a) les Entités mères ultimes de ces Groupes sont parties à un accord qui est une Structure indissociable ou un Accord de double cotation ; et

(b) au moins une Entité ou un Établissement stable du Groupe combiné se situe dans une localisation différente de celle des autres Entités du Groupe combiné.

Une **Plus-value nette sur cession d'actifs** se rapporte à une option exercée en vertu de l'article 3.2.6 et désigne la plus-value nette réalisée lors de la cession d'Actifs corporels locaux par une Entité constitutive située dans la juridiction pour laquelle l'option a été exercée, exclusion faite de la plus ou moins-value consécutive à un transfert d'actifs à un autre Membre du groupe.

Une **Moins-value nette sur cession d'actifs** pour une Entité constitutive et au titre d'une Année fiscale désigne la perte nette subie lors de la cession d'Actifs corporels locaux par cette Entité constitutive au cours de cette année, exclusion faite de la plus ou moins-value consécutive à un transfert d'actifs à un autre Membre du groupe. Le montant de la Moins-value nette sur cession d'actifs doit être diminué du montant de la Plus-value nette sur cession d'actifs ou de la Plus-value ajustée sur cession d'actifs, qui vient s'imputer à cette moins-value en vertu de l'application de l'article 3.2.6(b) ou (c) sous l'effet d'une option exercée antérieurement au titre de l'article 3.2.6.

La **Valeur nette comptable des actifs corporels** correspond à la moyenne des valeurs des Actifs corporels à l'ouverture et à la clôture, après prise en compte des montants totaux de dotations aux amortissements, déductions pour épuisement et dépréciations comptabilisés dans les comptes sociaux.

Le **Bénéfice GloBE net** d'une juridiction est défini à l'article 5.1.2.

La **Perte GloBE nette** d'une juridiction est le montant nul ou négatif, le cas échéant, calculé selon la formule suivante :

$$\begin{aligned} & \textit{Perte GloBE nette} \\ & \qquad = \textit{Bénéfice GloBE de toutes les entités constitutives} \\ & \qquad - \textit{Pertes GloBE de toutes les entités constitutives} \end{aligned}$$

où :

(a) le Bénéfice GloBE de toutes les entités constitutives correspond à la somme des Bénéfices GloBE de toutes les entités constitutives situées dans la juridiction, déterminé conformément au chapitre 3 au titre de l'Année fiscale ; et

(b) les Pertes GloBE de toutes les entités constitutives correspondent à la somme des Pertes GloBE de toutes les entités constitutives situées dans la juridiction, déterminée conformément au chapitre 3 au titre de l'Année fiscale.

La **Charge fiscale nette** correspond au montant net :

(a) des Impôts concernés comptabilisés en charge et des Impôts concernés exigibles et différés comptabilisée en tant qu'impôt sur les bénéfices, y compris les Impôts concernés sur les bénéfices qui sont exclus du calcul du Résultat GloBE ;

(b) de tout impôt différé actif imputable à un déficit au titre de l'Année fiscale ;

(c) de tout Impôt complémentaire minimum qualifié prélevé localement comptabilisé en charge ;

(d) de tout impôt résultant des règles GloBE comptabilisé en charge ; et

(e) de tout Impôt imputé remboursable non qualifié comptabilisé en charge.

Une **Organisation à but non lucratif** désigne une entité qui satisfait à l'ensemble des conditions énoncées ci-après :

(a) elle est établie et exploitée dans sa juridiction de résidence :

(i) à des fins exclusivement religieuses, caritatives, scientifiques, artistiques, culturelles, sportives, éducatives ou similaires ; ou

(ii) en tant qu'association professionnelle, organisation inter-entreprises, chambre de commerce, organisation syndicale, agricole ou horticole, civique ou organisme dont l'objet exclusif est de promouvoir le bien-être-social ;

(b) la majeure partie des recettes générées par les activités mentionnées au paragraphe (a) sont exonérées de l'impôt sur les bénéfices dans sa juridiction de résidence ;

(c) elle n'a aucun actionnaire ni aucun membre disposant d'un droit de propriété ou de jouissance sur ses recettes ou ses actifs ;

(d) ses recettes ou ses actifs ne peuvent être distribués à des personnes privées ou à des organismes à but lucratif ou utilisés à leur profit, autrement que :

   (i) en relation avec les activités caritatives de l'Entité;

   (ii) à titre de rémunération raisonnable pour les services rendus ou l'utilisation de biens et du capital de l'Entité ; ou

   (iii) à titre de rémunération, au prix du marché, pour les biens acquis par l'Entité ; et

(e) au moment du terme, de la liquidation ou dissolution de l'Entité, l'ensemble de ses actifs doivent être distribués ou reversés à une Organisation à but non lucratif ou à l'État (y compris à une Entité publique) de la juridiction de résidence de l'Entité ou de l'une quelconque des subdivisions politiques de celle-ci ;

toutefois, cette définition n'inclut pas les Entités exerçant une activité économique ou commerciale sans lien direct avec l'objet pour lequel elle a été créée.

Un **Crédit d'impôt remboursable non qualifié** désigne un crédit d'impôt qui n'est pas un Crédit d'impôt remboursable qualifié mais qui est remboursable en tout ou partie.

La **Plus ou moins-value non qualifiée** désigne le montant le plus faible entre la plus-value ou la moins-value réalisée par l'Entité constitutive cédante suite à une Réorganisation GloBE, qui est soumise à l'impôt là où est située l'Entité constitutive cédante, et la plus-value ou la moins-value comptable découlant de ladite Réorganisation GloBE.

Le **Nombre d'employés** désigne, aux fins du Ratio pour la RPII, le nombre total d'employés en équivalent temps plein (ETP) de l'ensemble des Entités constitutives résidentes à des fins fiscales dans la juridiction fiscale concernée. À cette fin, les travailleurs indépendants participant aux activités d'exploitation ordinaires de l'Entité constitutive sont déclarés comme employés. S'agissant des Établissements stables, les employés doivent être rattachés à la juridiction fiscale dans laquelle se trouve l'Établissement stable concerné dès lors que les frais de personnel associés sont comptabilisés dans les comptes sociaux séparés de cet Établissement stable, conformément à l'article 3.4.1 et ajustés conformément à l'article 3.4.2. Le Nombre d'employés rattachés à la juridiction d'un Établissement stable ne doit pas être pris en compte dans la détermination du Nombre d'employés de la juridiction fiscale de l'Entité principale.

Le **Modèle de Convention fiscale de l'OCDE** désigne le *Modèle de Convention fiscale concernant le revenu et la fortune : version abrégée 2017*, (OCDE, 2017), Éditions OCDE, Paris, https://doi.org/10.1787/mtc_cond-2017-fr..

Les **Autres éléments du résultat global** désignent les produits et charges qui ne sont pas comptabilisés en bénéfices ou en pertes, à la suite d'une obligation ou d'une possibilité prévue par les Normes comptables et financières agréées utilisées pour les états financiers consolidés. Les Autres éléments du résultat global sont généralement comptabilisés comme un ajustement portant sur les capitaux propres pour les besoins de la communication de la situation financière (bilan).

Un **Titre de participation** désigne toute participation assortie de droits sur les bénéfices, capitaux ou réserves d'une Entité, y compris les bénéfices, capitaux et réserves d'un ou de plusieurs Établissement(s) stable(s) d'une Entité principale.

Une **Entité mère** désigne une Entité mère ultime qui n'est pas une Entité exclue, une Entité mère intermédiaire ou une Entité mère partiellement détenue.

Le **Ratio d'inclusion d'une entité mère** est défini à l'article 2.2.1.

Une **Entité mère partiellement détenue** désigne une Entité constitutive (autre qu'une Entité mère ultime, un Établissement stable ou une Entité d'investissement) :

(a) qui détient (directement ou indirectement) un Titre de participation dans une autre Entité constitutive de son propre Groupe d'EMN ; et

(b) dont plus de 20 % des Titres de participation ouvrant droit à ses bénéfices sont détenus directement ou indirectement par des personnes qui ne sont pas des Entités constitutives du Groupe d'EMN.

Les **Revenus passifs** désignent les éléments de revenu inclus dans le Résultat GloBE, qui entrent dans l'une des catégories suivantes :

(a) un dividende ou équivalents ;

(b) des intérêts ou équivalents ;

(c) des loyers ;

(d) des redevances ;

(e) une annuité ; ou

(f) une plus-value nette provenant d'un bien générant un revenu relevant des catégories décrites aux paragraphes (a) à (e),

à condition qu'une Entité détentrice de titres d'une Entité constitutive soit imposée sur ce revenu au titre d'un Régime fiscal des sociétés étrangères contrôlées, ou au titre d'un Titre de participation détenu dans une Entité hybride.

Un **Fonds de pension** désigne :

(a) une Entité établie et gérée dans une juridiction dans le but exclusif ou quasi exclusif d'administrer ou de verser des prestations de retraite et des prestations annexes ou auxiliaires à des personnes physiques :

   i. réglementée en tant que telle par cette juridiction ou l'une de ses subdivisions politiques ou collectivités locales ; ou

   ii. dont les prestations sont garanties ou protégées d'une quelconque autre façon par les réglementations nationales et financées par un panier d'actifs détenus par l'intermédiaire d'un accord de fiducie ou de trust pour garantir le respect des engagements de pension correspondantes en cas d'insolvabilité du Groupe d'EMN ; et

(b) Une Entité de services de fonds de pension.

Une **Entité de services de fonds de pension** désigne une Entité établie et gérée dans le but exclusif ou quasi exclusif :

(a) de placer des fonds au profit d'Entités désignées au paragraphe (a) de la définition de « fonds de pension » ; ou

(b) d'exercer des activités qui sont annexes aux activités réglementées exercées par les Entités désignées au paragraphe (a) de la définition de « fonds de pension », sous réserve qu'elles soient membres du même Groupe.

Un **Établissement stable** désigne :

(a) une installation d'affaires (y compris une installation réputée être une installation d'affaires) située dans une juridiction et considérée comme un Établissement stable en vertu d'une Convention fiscale applicable en vigueur, à condition que cette juridiction impose les bénéfices attribuables à cette installation conformément à une disposition similaire à l'article 7 du Modèle de Convention fiscale de l'OCDE sur le revenu et la fortune ;

(b) en l'absence de Convention fiscale en vigueur, une installation d'affaires (y compris une installation réputée être une installation d'affaires) dont une juridiction impose les bénéfices qui lui sont attribuables, conformément à sa législation nationale, ,et ce sur une base nette, d'une manière similaire à celle retenue pour imposer ses propres résidents fiscaux ;

(c) une installation d'affaires (y compris une installation réputée être une installation d'affaires) située dans une juridiction n'ayant pas de système d'imposition des bénéfices des sociétés, dans la mesure où cette installation d'affaires serait considérée comme un établissement stable en vertu du Modèle de Convention fiscale de l'OCDE sur le revenu et la fortune, et où ladite juridiction aurait eu le droit d'imposer les bénéfices attribuables à cette installation en vertu de l'article 7 de ce Modèle ; ou

(d) une installation d'affaires (y compris une installation réputée être une installation d'affaires) ne relevant d'aucune des catégories décrites aux paragraphes (a) à (c) par l'intermédiaire de laquelle une Entité exerce des activités en dehors de la juridiction où elle est située, sous réserve que cette juridiction exonère les bénéfices attribuables à de telles activités.

Les **Dépenses non admises en déduction par principe** désignent :

(a) les charges constatées par l'Entité constitutive au titre de paiements illégaux, comme des pots-de-vin et des détournements de fonds ; et

(b) les charges constatées par l'Entité constitutive au titre d'amendes et de pénalités, d'un montant supérieur ou égal à 50 000 EUR (ou d'un montant équivalent dans la monnaie fonctionnelle utilisée pour calculer le Résultat net comptable de l'Entité constitutive).

Les **Titres de portefeuille** désignent les Titres de participation détenus par le Groupe d'EMN dans une Entité et ouvrant droit à moins de 10 % des bénéfices, capitaux, réserves, ou droits de vote de cette Entité, à la date de la distribution ou de la cession des titres.

Les **Erreurs relatives à des périodes antérieures et les changements de principes comptable** désignent toute variation du montant des capitaux propres à l'ouverture, au début de l'Année fiscale d'une Entité constitutive consécutive à :

(a) la correction d'une erreur dans la détermination du Résultat net dans les comptes sociaux d'une Année fiscale antérieure ayant modifié le montant des produits ou des charges inclus dans le calcul du Résultat GloBE au titre de cet exercice, sauf dans la mesure où une telle correction se traduit par une baisse importante du montant de l'impôt dû au titre des Impôts concernés comme prévu à l'Article 4.6 ; ou

(b) une modification de la politique ou des principes comptables ayant modifié le montant des produits ou des charges inclus dans le calcul du Résultat GloBE.

Le **Résultat provenant d'activités qualifiées, accessoires à l'exploitation de navires en trafic international** est défini à l'article 3.3.3.

Un **Impôt complémentaire minimum qualifié prélevé localement** désigne un impôt minimum prévu par le droit interne d'une juridiction, et qui :

(a) détermine les Bénéfices excédentaires des Entités constitutives situées dans la juridiction (Bénéfices excédentaires locaux) selon une méthode équivalente aux Règles GloBE ;

(b) vise à accroître, en vertu du droit interne, l'impôt dû sur des Bénéfices excédentaires de la juridiction à hauteur du Taux minimum applicable pour la juridiction et les Entités constitutives au titre d'une Année fiscale donnée ; et

(c) est appliqué et administré conformément aux effets prévus aux termes des Règles GloBE et du Commentaire, sous réserve que ladite juridiction n'octroie aucun avantage en lien avec ces règles.

Dans le cadre de l'Impôt complémentaire minimum qualifié prélevé localement, le calcul des Bénéfices excédentaires locaux pourra se fonder sur une Norme de comptabilité financière admissible autorisée par l'Organisme comptable agréé, ou sur une Norme de comptabilité financière agréée ajustée pour éviter toute Distorsion importante de la concurrence, plutôt que sur la norme de comptabilité financière utilisée dans les états financiers consolidés.

Une **RDIR qualifiée** désigne un ensemble de règles équivalentes aux dispositions des articles Article 2.1 à Article 2.3 des Règles GloBE (y compris toute disposition des Règles GloBE liée à ces articles) incluses dans le droit interne d'une juridiction, appliquées et administrées conformément aux effets prévus aux termes des Règles GloBE et du Commentaire, sous réserve que ladite juridiction n'octroie aucun avantage en lien avec ces règles.

Un **Impôt imputé qualifié** désigne un Impôt concerné dû ou acquitté par une Entité constitutive, qui peut être remboursé ou crédité au bénéficiaire effectif de dividendes distribués par cette Entité constitutive (ou, dans le cas d'un Impôt concerné dû ou acquitté par un Établissement stable, de dividendes distribués par l'Entité principale), dès lors que le remboursement est dû, ou que le crédit est accordé :

(a) par une juridiction autre que la juridiction qui prélève les Impôts concernés dans le cadre d'un régime de crédit d'impôt étranger ;

(b) à un bénéficiaire effectif des dividendes, qui est imposé à un taux nominal supérieur ou égal au Taux minimum sur ces dividendes sur une base courante en vertu du droit interne de la juridiction qui soumet l'Entité constitutive aux Impôts concernés ;

(c) à une personne physique bénéficiaire effectif des dividendes qui est résident fiscalement dans la juridiction qui soumet l'Entité constitutive aux Impôts concernés et qui est imposable sur les dividendes en tant que revenus ordinaires ; ou

(d) à une Entité publique, une Organisation internationale, une Organisations à but non lucratif résidente, un Fonds de pension résident, une Entité d'investissement résidente qui n'est pas une Entité du groupe, ou une compagnie d'assurance vie résidente, dès lors que les dividendes sont perçus en lien avec une activité de fonds de pension et soumis à l'impôt de façon similaire à un dividende perçu par un Fonds de pension.

Aux fins du paragraphe (d), une Organisation à but non lucratif ou un Fonds de pension sont considérés comme résidents d'une juridiction s'ils sont constitués et gérés dans cette juridiction, et une Entité d'investissement est réputée être résidente d'une juridiction si elle est constituée et réglementée dans cette juridiction. Une compagnie d'assurance vie est résidente de la juridiction dans laquelle elle est située.

Un **Crédit d'impôt remboursable qualifié** désigne un crédit d'impôt remboursable conçu de telle sorte qu'il doit être versé en trésorerie ou liquidités dans les quatre ans à compter du moment où l'Entité constitutive satisfait aux conditions d'octroi du crédit en vertu de la législation de la juridiction qui accorde le crédit. Un crédit d'impôt partiellement remboursable est considéré comme un Crédit d'impôt remboursable qualifié à hauteur du montant qui doit être versé en trésorerie ou en liquidités dans les quatre ans à compter du moment où l'Entité constitutive satisfait aux conditions d'octroi du crédit en vertu de la législation de la juridiction qui accorde le crédit. Ne sont pas considérés comme Crédits d'impôt remboursables qualifiés les montants pouvant donner lieu à un crédit ou à un remboursement d'impôt en vertu d'un Impôt imputable qualifié ou d'un Impôt imputé remboursable non qualifié.

Une **RPII qualifiée** désigne un ensemble de règles équivalentes aux articles Article 2.4 à Article 2.6 des Règles GloBE (y compris toute disposition des règles GloBE liée à ces articles) qui sont incluses dans le droit interne d'une juridiction, appliquées et administrées conformément aux effets prévus aux termes des Règles GloBE et du Commentaire sous réserve que ladite juridiction n'octroie aucun avantage en lien avec ces règles.

Un **Accord qualifié entre autorités compétentes** désigne une convention bilatérale ou multilatérale ou tout autre accord entre Autorités compétentes régissant l'échange automatique de renseignements des Déclarations d'information GloBE annuelles.

Un **Véhicule d'investissement immobilier** désigne une entité dont l'imposition se traduit par un niveau d'imposition unique à son niveau ou au niveau de ses actionnaires (sous un délai d'un an au maximum), sous réserve que cette personne détienne principalement des biens immobiliers et que ses capitaux soient largement répartis.

Un **Impôt différé passif régularisé** est défini à l'article 4.4.4.

Une **Charge d'impôt non soumise à régularisation** est défini à l'article 4.4.5.

Les **Eléments à soustraire des impôts concernés** est définie à l'article 4.1.3.

La **Juridiction de référence** est définie à l'article 9.3.3.

L'**Année fiscale qui fait l'objet de la déclaration** désigne l'Année fiscale sur laquelle porte la Déclaration d'information GloBE.

Les **Titres de portefeuille à court terme** désignent les Titres de portefeuille qui sont détenus économiquement par l'Entité constitutive qui perçoit ou à qui reviennent les dividendes ou autres éléments de distribution depuis moins d'un an à compter de la date de distribution.

Une **Structure indissociable** désigne un accord conclu par deux ou plusieurs Entités mères ultimes de Groupes distincts, aux termes duquel :

(a) 50 % ou plus des Titres de participation dans les Entités mères ultimes des Groupes distincts sont, en raison de la structure de propriété, de restrictions sur les transferts ou d'autres stipulations ou conditions, combinés entre eux et ne peuvent être transférés ou négociés indépendamment les uns des autres. Si les Titres de participation combinés sont cotés en bourse, ils le sont au même prix ; et

(b) l'une des deux Entités mères ultimes établit les états financiers consolidés dans lesquels les actifs, les passifs, les recettes, les dépenses et les flux de trésorerie de toutes les Entités des Groupes sont présentés ensemble comme les éléments d'une seule et même entité économique et doivent, en vertu d'un régime réglementaire, être contrôlés par un cabinet d'audit externe.

Une **Entité constitutive apatride** désigne une Entité constitutive telle que décrite à l'article 10.3.2(b) et à l'article 10.3.3(d).

L'**Exclusion de bénéfices fondée sur la substance** est définie à l'Article 5.3.

Les **Actifs corporels** désignent, aux fins du Ratio pour la RPII et de l'Article 9.3, les actifs corporels de toutes les Entités constitutives résidentes à des fins fiscales de la juridiction fiscale concernée. Les Actifs corporels n'incluent pas la trésorerie et les équivalents de trésorerie, les actifs incorporels, ni les actifs financiers. S'agissant des Établissements stables, les Actifs corporels doivent être attribués à la juridiction fiscale dans laquelle est situé l'Établissement stable concerné, dès lors que les actifs corporels sont comptabilisés dans les comptes sociaux séparés de cet Établissement stable, conformément à l'article 3.4.1, et ajustés conformément à l'article 3.4.2. Les Actifs corporels attribués à la juridiction fiscale d'un

Établissement stable ne seront pas pris en compte dans la détermination des Actifs corporels de la juridiction fiscale de l'Entité principale.

Les **Impôts** désignent les versements obligatoires sans contrepartie aux Administrations publiques.

La **Méthode de distribution imposable** est définie à l'article 7.6.2.

Une **Convention fiscale** désigne un accord conclu en vue d'éviter la double imposition en matière d'impôts sur le revenu et sur la fortune.

L'**Année testée** est définie à l'article 7.6.5.

La **Période de test** est définie à l'article 7.6.5.

Un **Impôt complémentaire** désigne un impôt supplémentaire calculé pour une juridiction ou une Entité constitutive conformément à l'Article 5.2.

Le **Taux de l'impôt complémentaire** est défini à l'article 5.2.1.

Le **Montant total de l'ajustement pour impôt différé** est défini à l'article 4.4.1.

Le **Montant total de l'impôt complémentaire pour la RPII** désigne le montant total de l'Impôt complémentaire à répartir dans le cadre de la RPII, tel que prévu à l'article 2.4.1.

L'**Année de transition** désigne, pour une juridiction, la première Année fiscale durant laquelle le Groupe d'EMN relève du champ d'application des règles GloBE au regard de cette juridiction.

L'**Entité mère ultime** (EMU) est définie à l'Article 1.4.

Le **Bénéfice GloBE net non distribué** est défini à l'article 7.6.3.

La **Juridiction de l'EMU** désigne la juridiction dans laquelle se situe l'Entité mère ultime.

La **RPII** désigne les règles énoncées aux articles Article 2.4 à 2.6.

Une **Juridiction avec RPII** désigne une juridiction dans laquelle une RPII qualifiée est en vigueur.

Le **Ratio pour la RPII** désigne le pourcentage du Montant total de l'impôt complémentaire pour la RPII qui est attribué à une Juridiction avec RPII, conformément à la formule indiquée à l'article 2.6.1.

Le **Montant de l'impôt complémentaire pour la RPII** désigne le montant de l'Impôt complémentaire attribué à une juridiction avec RPII en vertu de la RPII.

Article 10.2. Définitions d'Entité transparente localement, d'Entité fiscalement transparente, d'Entité hybride inversée et d'Entité hybride

10.2.1. Une Entité est considérée comme une **Entité transparente localement** si elle est fiscalement transparente au regard de ses revenus, dépenses, bénéfices et pertes dans la juridiction où elle a été créée, à condition qu'elle ne soit pas résidente fiscale et soumise à un Impôt concerné au titre de ses revenus ou de ses bénéfices dans une autre juridiction.

(a) Une Entité transparente localement est une **Entité fiscalement transparente** au regard de ses revenus, dépenses, bénéfices et pertes si elle est transparente fiscalement dans la juridiction où se situe l'entité qui détient ses titres.

(b) Une Entité transparente localement est une **Entité hybride inversée** au regard de ses revenus, dépenses, bénéfices et pertes si elle n'est pas transparente fiscalement dans la juridiction où se situe l'entité qui détient ses titres.

10.2.2. Une Entité est considérée comme fiscalement transparente en vertu du droit d'une juridiction si cette juridiction traite les revenus, dépenses, bénéfices et pertes de cette Entité comme s'ils étaient réalisés ou encourus par l'entité qui détient directement les titres de cette Entité à hauteur de sa participation dans cette Entité.

10.2.3. Un Titre de participation dans une Entité ou un Établissement stable qui est une Entité constitutive doit être considéré comme étant détenu par l'intermédiaire d'une **Structure fiscalement transparente** si ce Titre de participation est détenu indirectement par l'intermédiaire d'une chaîne d'Entités fiscalement transparentes.

10.2.4. Une Entité constitutive qui n'est pas résidente fiscale et qui n'est pas soumise à un Impôt concerné ou à un Impôt complémentaire minimum qualifié prélevé localement en vertu de son siège de direction, son lieu de création ou d'autres critères similaires doit être considérée comme une Entité transparente localement et une Entité fiscalement transparente au regard de ses revenus, dépenses, bénéfices et pertes, dès lors que :

(a) les détenteurs de ses titres se situent dans une juridiction qui considère l'Entité comme fiscalement transparente ;

(b) elle ne possède pas d'installation d'affaires dans la juridiction où elle a été créée ; et

(c) ses revenus, dépenses, bénéfices et pertes ne sont pas attribuables à un Établissement stable.

10.2.5. Une Entité qui est considérée comme une personne imposable distincte aux fins de l'impôt sur les bénéfices dans la juridiction dans laquelle elle se situe est considérée comme une **Entité hybride** au regard de ses revenus, dépenses, bénéfices et pertes, dès lors qu'elle est fiscalement transparente dans la juridiction où se situe l'entité qui détient ses titres.

Article 10.3. Localisation d'une Entité et d'un Établissement stable

10.3.1. La localisation d'une Entité autre qu'une Entité transparente localement est déterminée comme suit :

(a) si elle est résidente fiscale d'une juridiction en vertu de son siège de direction, de son lieu de création ou d'autres critères similaires, elle est réputée située dans cette juridiction ;

(b) dans les autres cas, elle est réputée située dans la juridiction où elle a été créée.

10.3.2. La localisation d'une Entité qui est une Entité transparente localement est déterminée comme suit :

(a) si elle est l'Entité mère ultime du Groupe d'EMN ou si elle tenue d'appliquer une RDIR conformément à l'Article 2.1, elle est réputée située dans la juridiction où elle a été créée ; et

(b) dans les autres cas, elle est considérée comme une Entité apatride.

10.3.3. La localisation d'un Établissement stable est déterminée comme suit :

(a) s'il répond au paragraphe (a) de la définition figurant à l'Article 10.1, il est réputé situé dans la juridiction où il est considéré comme Établissement stable et imposé conformément à la convention fiscale en vigueur ;

(b) s'il répond au paragraphe (b) de la définition figurant à l'Article 10.1, il est réputé situé dans la juridiction où il est soumis à l'impôt sur une base nette à raison de sa présence commerciale ;

(c) s'il répond au paragraphe (c) de la définition figurant à l'Article 10.1, il est réputé situé dans la juridiction où il se trouve ; et

(d) s'il répond au paragraphe (d) de la définition figurant à l'Article 10.1, il est réputé être un Établissement stable apatride.

10.3.4. Si, en vertu de l'article 10.3.1, une Entité constitutive est située dans plus d'une juridiction (Entité à double résidence), alors, aux fins des règles GloBE, son statut doit être déterminé comme suit :

(a) si elle est située dans deux juridictions qui sont parties à une Convention fiscale est en vigueur :

(i) elle est considérée comme située dans la juridiction dont elle est réputée être résidente fiscale aux fins de la Convention fiscale ;

(ii) si la Convention fiscale exige des autorités compétentes de parvenir à un accord amiable sur le lieu réputé être la résidence de l'Entité constitutive aux fins de la Convention fiscale, et si aucun accord n'a été conclu, alors le paragraphe (b) s'applique ;

(iii) si la Convention fiscale ne prévoit pas d'éliminations ou d'exonérations d'impôt dès lors que l'Entité constitutive est résidente fiscale des deux Parties contractantes, alors le paragraphe (b) s'applique ;

(b) si aucune Convention fiscale ne s'applique, alors la localisation de l'Entité constitutive est déterminée comme suit :

(i) elle est considérée comme située dans la juridiction où elle a acquitté la fraction la plus importante des Impôts concernés au titre de l'Année fiscale considérée, sans tenir compte de ceux acquittés en vertu d'un Régime fiscal des sociétés étrangères contrôlées ;

(ii) si le montant des Impôts concernés acquittés dans les deux juridictions est identique ou nul, elle est considérée comme située dans la juridiction où le montant de l'Exclusion de bénéfices fondée sur la substance calculé pour l'entité conformément à l'Article 5.3 est le plus élevé ;

(iii) si le montant de l'Exclusion de bénéfices fondée sur la substance est identique dans les deux juridictions ou nul, elle est alors considérée comme une Entité constitutive apatride à moins d'être l'Entité mère ultime du groupe d'EMN, auquel cas elle est considérée comme située dans la juridiction où elle a été créée.

10.3.5. Si, en vertu de l'article 10.3.4, une Entité à double résidence qui une Entité mère est située dans une juridiction dans laquelle elle n'est pas soumise à une RDIR qualifiée, alors l'autre juridiction pourra demander à ladite Entité d'appliquer la RDIR qualifiée, à moins d'en être empêchée par une Convention fiscale applicable en vigueur.

10.3.6. Dès lors qu'une Entité change de localisation au cours de l'Année fiscale, elle est considérée comme située dans la juridiction où elle était située en début d'exercice.

www.ingramcontent.com/pod-product-compliance
Lightning Source LLC
LaVergne TN
LVHW082049051026
849532LV00011B/3541